SOOLA, RASV, HAPE, KUUMUSE KOKAADIRAAMAT

Maitsestamisest praadimiseni – avastage 100 maitsva roa nelja elemendi jõud

Viktoria Mölder

Autoriõigus materjjuurde©2024

Kõik õigused kaitstud

Ühtegi selle raamatu osa ei tohi mingil kujul ega vahenditega kasutada ega edastada ilma kirjastaja ja autoriõiguse omaniku nõuetekohase kirjaliku nõusolekuta, välja arvatud ülevaates kasutatud lühikesed tsitaadid. Seda raamatut ei tohiks pidada meditsiiniliste, juriidiliste või muude professionaalsete nõuannete asendajaks.

SISUKORD

SISUKORD **3**
SISSEJUHATUS **6**
SALATID **7**
    1. SÄRAV KAPSASALAT 8
    2. VIETNAMI KURGI SALAT 10
    3. RASEERITUD PORGANDISALAT INGVERI JA LAIMIGA 12
    4. RASEERITUD APTEEGITILL JA REDIS 14
    5. SUVINE TOMATI- JA ÜRDISALAT 16
    6. TOMAT, BASIILIK JA KURK 18
    7. RÖSTITUD SQUASH, SALVEI JA SARAPUUPÄHKEL 20
    8. RÖSTITUD REDIS JA ROQUEFORT 23
    9. SPARGEL JA FETA PIPARMÜNDIGA 26
KÖÖGIVILJAD **28**
    10. KIRSSTOMATITE CONFIT 29
    11. SNAP PEAS TŠILLI JA PIPARMÜNDIGA 31
    12. KÜÜSLAUGUSED ROHELISED OAD 33
    13. SQUASH JA ROOSKAPSAS MAGUS-HAPU 35
    14. VÜRTSIKAS BROKKOLIRABE RICOTTA SALATAGA 38
    15. GRILLITUD ARTIŠOKK 40
LAOS JA SUPID **43**
    16. KANAPULJONG 44
    17. STRACCIATELLA ROOMA MUNATILGASUPP 46
    18. TOSCANA OA JA LEHTKAPSA SUPP 48
    19. SIIDINE SUHKRUMAISI SUPP 51
OAD, TERAD JA PASTA **54**
    20. PÄRSIA RIIS 55
    21. PASTA CACIO JA PEPE 58
    22. PASTA ALLA POMAROLA 60
    23. PASTA BROKKOLI JA LEIVAPURUGA 63
    24. PASTA JUURDERAGÙ 66
    25. PASTA JUURESKARBID PASTA KARPIDEGA 69
KALA **72**
    26. AEGLASELT RÖSTITUD LÕHE 73
    27. ÕLLEPEKSTUD KALA 75
    28. TUNA CONFIT 78
KANA JA MUNAD **80**
    29. KÕIGE KRÕBEDAMAD SPATCHCOCKED KANA 81
    30. KUKU SABZI PÄRSIA ÜRT JA ROHELISED OMLETT 83

31. Vürtsikas praetud kana ... 87
32. Kana potipirukas ... 90
33. Kana Confit ... 94
34. Finger-lickin' Pan-Praetud kana ... 97
35. Salvei- ja meega suitsutatud kana ... 100
36. Kana ja küüslaugusupp ... 103
37. Adas Polo o Morghi kana läätseriisiga ... 106
38. Kana äädikaga ... 109
39. Glasuuritud viievürtsiline kana ... 112
40. Petipiimaga marineeritud röstitud kana ... 115
41. Sitsiilia kana salat ... 118

LIHA ... **120**
42. Vürtsikas soolvees kalkuni rinnatükk ... 121
43. Tšilliga hautatud sealiha ... 124
44. Kufte Kebab ... 127

KASTMED ... **130**
45. Põhiline Roheline kaste ... 131
46. Praetud salvei Roheline kaste ... 133
47. Klassikaline prantsuse ürdisalsa ... 135
48. Mehhiko ürdisalsa ... 137
49. Kagu-Aasia ürdisalsa ... 139
50. Jaapani ürtsalsa ... 141
51. Meyeri sidrunisalsa ... 143
52. Põhja-Aafrika Charmoula ... 145
53. India kookose-koriandri chutney ... 147
54. Salmoriglio Sitsiilia pune kaste ... 149
55. Ürdijogurt ... 151
56. Pärsia ürdi- ja kurgijogurt ... 153
57. Borani Esfenaj Pärsia spinatijogurt ... 155
58. Mast-o-Laboo Pärsia peedijogurt ... 157
59. Põhiline majonees ... 159
60. Klassikaline Sandwich Mayo ... 161
61. Aïoli küüslaugu majonees ... 163
62. Ürdimajonees ... 165
63. Rouille pipra majonees ... 167
64. Tatari kaste ... 169
65. Põhiline piprapasta ... 172
66. Harissa Põhja-Aafrika piprakaste ... 174
67. Muhammara pipra- ja pähklimääre ... 176
68. Basiiliku pesto ... 178
69. Suhkrustatud puuvilja chutney ... 180
70. Magushapu papaia chutney ... 182
71. Kardemoni-vürtsiga küdoonia chutney ... 184

RIIDED **186**
72. Punase veini vinegrett 187
73. Balsamico vinegrette 189
74. Sidrunivinegrett 191
75. Laimi vinegrett 193
76. Tomati vinegrett 195
77. Riisiveini vinaigrette 197
78. Caesari riietus 199
79. Kreemjas ürdikaste 201
80. Sinihallitusjuustu kaste 203
81. Roheline jumalanna riietus 205
82. Tahini riietus 207
83. Miso-sinepi kaste 209
84. Maapähkli-laimi kaste 211

TAIGAS **213**
85. Täisvõine pirukatainas 214
86. Hapukas tainas 217

MAIUSTUSED JA MAGUSTOOTED **220**
87. Granola oliiviõli ja meresool 221
88. Klassikaline õunakook 224
89. Klassikaline kõrvitsapirukas 227
90. Kerged ja helbelised petipiimaküpsised 230
91. Õuna- ja frangipani tart 233
92. Juice sellest mahla ja valmista graniitat 237
93. Šokolaadi kesköötort 239
94. Värske ingveri ja melassi kook 242
95. Mandli ja kardemoni teekook 245
96. Magusa magus šokolaadipuding 248
97. Petipiim Panna Cotta 251
98. Vahukommi besee 253
99. Lõhnav kreem 256
100. Soolakaramelli kaste 258

KOKKUVÕTE **260**

SISSEJUHATUS

Tere tulemast raamatusse "Soola, rasva, happe ja kuumuse kokaraamat: maitsestamisest praadimiseni, avastage nelja elemendi jõud 100 maitsvas roas". Toiduvalmistamise maailmas on soola, rasva, happe ja kuumuse tasakaalu valdamine võti roogade loomisel, mis pole lihtsalt head, vaid tõeliselt erakordsed. See kokaraamat, mis on inspireeritud Samin Nosrati tunnustatud raamatus kirjeldatud põhimõtetest, on teie teejuht nende nelja elemendi täieliku potentsiaali vabastamiseks ja oma kulinaarse loomingu uutesse kõrgustesse tõstmiseks.

Sool, rasv, hape ja kuumus on toiduvalmistamise maitse, tekstuuri ja tasakaalu ehitusplokid. Selles kokaraamatus süveneme igasse elemendisse, uurides selle rolli koostisosade täiustamisel, keerukate maitsete väljatöötamisel ja meeldejäävate roogade loomisel. Ükskõik, kas maitsestate näpuotsatäie soolaga, krõmpstate rasva täiusliku tekstuuri saamiseks, tasakaalustate happesust heleduse saavutamiseks või kasutate kuumust karamelliseerimiseks ja maitse sügavuseks, saate teada, kuidas neid elemente täpselt ja enesekindlalt kasutada.

Iga selle kokaraamatu retsept on hoolikalt koostatud, et tutvustada soola, rasva, happe ja kuumuse muutvat jõudu. Lihtsatest salatitest ja rikkalikest pearoogadest kuni dekadentlike magustoitude ja kõige muu vahepealseni leiate mitmekesise valiku roogasid, mis tähistavad nende nelja olulise elemendi võlu. Üksikasjalike juhiste, kasulike näpunäidete ja vapustava fotograafia abil tunnete end inspireerituna eksperimenteerimiseks, uuendusteks ja oma kulinaarsete meistriteoste loomiseks.

Nii et olenemata sellest, kas olete algaja kokk, kes soovib õppida maitse põhialuseid, või kogenud kokk, kes soovib oma oskusi täiustada, pakub "Soola, rasva, happe ja kuumuse kokaraamat" igaühele midagi. Olgu see kokaraamat teie kaaslane, kui reisite läbi köögi, avastades soola, rasva, happe ja kuumuse võlu igas maitsvas suupistes.

SALATID

1.Särav kapsasalat

KOOSTISOSAD:
- 1/2 keskmist punast või rohelist kapsast (umbes 1 1/2 naela)
- 1/2 väikest punast sibulat, õhukeselt viilutatud
- 1/4 tassi sidrunimahla
- soola
- 1/2 tassi jämedalt hakitud peterselli lehti
- 3 spl punase veini äädikat
- 6 spl ekstra neitsioliiviõli

JUHISED:
a) Poolita kapsas südamikust läbi. Lõika südamik nurga all välja terava noaga. Viiluta kapsas õhukeselt risti ja aseta suurde salatikausi sisse seatud kurn. Maitsesta kahe näpuotsatäie soolaga, mis aitavad vett välja tõmmata, viska viilud kõrvale ja tõsta kõrvale.
b) Viska väikeses kausis viilutatud sibul sidrunimahlaga ja lase 20 minutit leotada. Kõrvale panema.
c) 20 minuti pärast tühjendage kapsast eraldatud vesi (see on hea, kui pole midagi nõrutada – mõnikord pole kapsas väga vesine). Asetage kapsas kaussi ja lisage petersell ja leotatud sibul (aga mitte nende sidrunimahla). Kastke salat äädika ja oliiviõliga. Viska väga hästi kombineerimiseks.
d) Maitske ja reguleerige, lisades järelejäänud sidrunimahla ja soola vastavalt vajadusele. Kui suulae mõnuga väriseb, on see valmis. Serveeri jahutatult või toatemperatuuril.
e) Säilitage ülejääke kaetult külmkapis kuni kaks päeva.

2.Vietnami kurgi salat

KOOSTISOSAD:
- 2 naela (umbes 8) Pärsia või Jaapani kurki, kooritud triibuline
- 1 suur jalapeño, soovi korrjuurdeseemned ja veenid eemaldatud, õhukesteks viiludeks
- 3 sibulat, peeneks viilutatud
- 1 küüslauguküüs, peeneks riivitud või näpuotsatäie soolaga pekstud
- 1/2 tassi jämedalt hakitud koriandri lehti
- 16 suurt piparmündilehte, jämedalt hakitud
- 1/2 tassi röstitud maapähkleid, jämedalt hakitud
- 1/4 tassi neutraalse maitsega õli
- 4 kuni 5 supilusikatäit laimimahla
- 4 tl maitsestatud riisiveini äädikat
- 1 spl kalakastet
- 1 tl suhkrut
- Näputäis soola

JUHISED:
a) Kasutades kas Jaapani mandoliini või teravat nuga, lõigake kurgid õhukeselt müntideks, visates otsad ära.
b) Segage suures kausis kurgid, jalapeño, talisibul, küüslauk, koriander, piparmünt ja maapähklid.
c) Sega väikeses kausis kokku õli, 4 spl laimimahla, äädikas, kalakaste, suhkur ja väike näpuotsatäis soola.
d) Kastke salat vinegretiga ja segage. Maitse ja maitsesta vastavalt vajadusele soola ja veel laimimahlaga.
e) Serveeri kohe.

3.Raseeritud porgandisalat ingveri ja laimiga

KOOSTISOSAD:
- 1 1/4 tassi kuldseid või musti rosinaid
- 1 spl köömneid
- 2 naela porgandit
- 4 tl peeneks riivitud ingverit
- 1 küüslauguküüs, peeneks riivitud või näpuotsatäie soolaga pekstud
- 1 kuni 2 suurt jalapenot, soovi korrjuurdeeemaldatud seemned ja veenid, hakitud
- 2 tassi jämedalt hakitud koriandri lehti ja õrnaid varsi, lisaks paar oksa kaunistuseks
- soola
- Laimi vinegrett

JUHISED:
a) Kastke rosinad väikeses kausis keevasse vette. Laske neil 15 minutit seista, et nad taastuksid ja täituksid. Nõruta ja tõsta kõrvale.
b) Asetage köömned väikesele kuivale pannile ja laske keskmisel kuumusel. Ühtlase röstimise tagamiseks keerake panni pidevalt. Röstige umbes 3 minutit, kuni esimesed seemned hakkavad paistma ja eritama maitsvat aroomi. Tõsta tulelt. Viska seemned kohe uhmri või maitseaineveski kaussi. Jahvata näpuotsatäie soolaga peeneks. Kõrvale panema.
c) Lõika ja koori porgandid. Kasutades kas Jaapani mandoliini või teravat nuga, lõigake porgandid pikuti õhukesteks viiludeks. Lõika viilud tikutopsideks terava noaga. Kui see tundub liiga tülikas, võid kasutada köögiviljakoorijat õhukeste paelte tegemiseks või lihtsalt porgandite õhukesteks viiludeks.
d) Sega suures kausis porgand, ingver, küüslauk, jalapeño, koriander, köömned ja rosinad. Maitsesta kolme näpuotsatäie soolaga ja kaunista laimivinegretiga. Maitse ja maitsesta vastavalt vajadusele soola ja veel laimimahlaga. Pane salat 30 minutiks külmkappi, et maitsed kokku saaksid. Serveerimiseks segage maitseaineid, kuhjake see suurele vaagnale ja kaunistage mõne koriandrioksaga.

4.Raseeritud apteegitill ja redis

KOOSTISOSAD:
- 3 keskmist apteegitilli sibulat (umbes 1 1/2 naela)
- 1 hunnik kärbitud ja pestud rediseid (umbes 8 redist)
- 1 tass peterselli lehti, lõdvalt pakitud
- Valikuline: 1-unts parmesani tükk
- soola
- Värskelt jahvatatud must pipar
- Umbes 1/3 tassi sidrunivinegretti

JUHISED:
a) Kärbi apteegitilli, eemaldades kõik varred ja alumise otsa ots, jättes sibula terveks. Poolita sibulad läbi juure ja eemalda kõik kiulised väliskihid.
b) Lõika apteegitilli sibulad kas Jaapani mandoliini või terava noaga risti paberõhukesteks viiludeks, eemaldades südamikud. Reserveerige äravisatud apteegitilli muuks tarbeks või hiilige see Toscana lehtkapsa ja oasuppi. Viilutage redised vaid juuksekarva paksemaks, umbes 1/8 tolli, visake otsad ära.
c) Segage suures kausis apteegitill, redis ja petersellilehed. Parmesani kasutamisel raseerige killud otse kaussi köögiviljakoorijaga. Vahetult enne serveerimist maitsesta kahe näpuotsatäie soola ja väikese pipraga.
d) Kleit vinegretiga. Maitse ja kohanda, lisades vastavalt vajadusele veel soola ja vinegretti, seejärel laota serveerimisvaagnale.
e) Serveeri kohe.

5.Suvine tomati- ja ürdisalat

KOOSTISOSAD:
- 2 kuni 3 segatud pärandtomatit, nagu Marvel Stripe, Cherokee Purple või Brandywine, puhastatud südamikust ja viilutatud 1/4-tollisteks viiludeks
- Helbeline sool
- Värskelt jahvatatud must pipar
- 1 tass tomativinegrett. Vihje: kasuta salatomatite südamikke ja otsaviile
- 1 pint kirsstomateid, loputatud, varred ja poolitatud
- 2 tassi värskelt korjatud basiiliku, peterselli, aniisi iisopi, kirvi, estragoni või 1-tolliste murulaugutükkide kombinatsiooni

JUHISED:
a) Vahetult enne serveerimist laota pärand tomativiilud ühe kihina serveerimisvaagnale ning maitsesta soola ja pipraga. Nirista kergelt vinegretiga. Sega eraldi kausis kirsstomatid ning maitsesta ohtralt soola ja pipraga. Riietage vinegretiga, maitsestage ja kohandage vastavalt vajadusele soola ning valage kirsstomatid ettevaatlikult tomativiiludele.
b) Asetage värsked ürdid salatikaussi ja maitsestage kergelt vinegreti, soola ja pipraga. Kuhja ürdisalat tomatitele ja serveeri kohe.

6.Tomat, basiilik ja kurk

KOOSTISOSAD:
- 1/2 keskmist punast sibulat, õhukeseks viilutatud
- 1 spl punase veini äädikat
- 4 tassi rebitud krutoone
- Topeltpartii tomativinegretti
- 1 pint kirsstomateid, varrega ja poolitatud
- 1 1/2 naela Early Girl või muud maitsvad väikesed tomatid (umbes 8 tomatit), südamikust puhastatud ja hammustavateks tükkideks lõigatud
- 4 Pärsia kurki, kooritud ja lõigatud 1/2-tollisteks viiludeks
- 16 basiilikulehte
- Helbeline meresool

JUHISED:
a) Viska väikeses kausis viilutatud sibul äädikaga ja lase 20 minutit leotada. Kõrvale panema.
b) Asetage pooled krutoonidest suurde salatikaussi ja segage 1/2 tassi vinegretiga. Asetage kirss ja viilutatud tomatid krutoonide peale ning maitsestage soolaga, et soodustada nende mahla eritumist. Lase seista umbes 10 minutit.
c) Jätkake salati kokkupanemist: lisage ülejäänud krutoonid, kurgid ja leotatud sibul (aga mitte nende äädikat veel). Rebi basiilikulehed suurteks tükkideks. Riietage veel 1/2 tassi vinegretti ja maitsestage. Reguleerige maitsestamist vastavalt vajadusele, lisades maitse järgi soola, vinegretti ja/või leotamise äädikat. Viska, maitse uuesti ja serveeri.
d) Hoidke ülejäägid kaanega kuni üheks ööks külmkapis.

7.Röstitud squash, salvei ja sarapuupähkel

KOOSTISOSAD:
- 1 hunnik lehtkapsast, eelistatavalt Lacinato, Cavolo Nero või Toscana sorti
- 1 suur kõrvits (2 naela), kooritud
- Ekstra neitsioliiviõli
- 1/2 keskmist punast sibulat, õhukeseks viilutatud
- 1 spl punase veini äädikat
- Topeltpartii Brown Butter Vinegrette
- 4 tassi rebitud krutoone
- Umbes 2 tassi neutraalse maitsega õli
- 16 salvei lehte
- 3/4 tassi sarapuupähkleid, röstitud ja jämedalt hakitud

JUHISED:

a) Kuumuta ahi temperatuurini 425 ° F. Vooderda küpsetusplaat paberrätikutega.
b) Eemaldage lehtkapsas. Haarake ühe käega iga varre põhjast, teise käega pigistage vart kokku ja tõmmake lehe eemaldamiseks ülespoole. Visake varred ära või säilitage muuks kasutuseks, näiteks Toscana oa- ja lehtkapsasupiks. Lõika lehed 1/2-tollisteks viiludeks. Kõrvale panema.
c) Poolita, seemneta, viiluta ja rösti kõrvits. Kõrvale panema.
d) Viska viilutatud sibul äädikaga väikesesse kaussi ja lase 20 minutit leotada. Kõrvale panema.
e) Asetage pooled krutoonidest ja lehtkapsast suurde salatikaussi ning segage 1/3 tassi vinegretiga. Laske 10 minutit seista.
f) Vahepejuurdeprae salvei. Valage väikesesse paksupõhjalisse potti tolline neutraalne õli ja kuumutage seda keskmisel või tugevjuurdeleegil temperatuurini 360 °F. Kui teil pole termomeetrit, proovige mõne minuti pärast õli taset, tilgutades salveilehte. Kui see kohe säriseb, on see valmis.
g) Lisa partiidena salveilehed. Arvestage, et õli mullitab alguses palju, nii et laske sellel vaibuda, seejärel segage salvei.
h) Umbes 30 sekundi pärast, niipea kui mullid kaovad, tõmmake need lusikaga õlist välja ja määrige salvei ettevalmistatud küpsetusplaadile. Lase salvei ettevalmistatud ahjuplaadil ühekordse kihina kuivada ja puista peale soola. See muutub jahtudes krõbedaks.
i) Lisage salatikaussi ülejäänud krutoonid, squash, sarapuupähklid ja leotatud sibul (kuid mitte nende äädikat). Murenda sisse praetud salvei. Riietage ülejäänud vinegretiga, segage ja maitsestage. Reguleerige maitsestamist soola, salvei-praadimisõli ja leotamise äädikaga vastavalt vajadusele. Viska, maitse uuesti ja serveeri.
j) Hoidke ülejäägid kaanega kuni üheks ööks külmkapis.

8.Röstitud Redis ja Roquefort

KOOSTISOSAD:

- 2 pead Redis
- Ekstra neitsioliiviõli
- soola
- 2 keskmist kollast sibulat, kooritud
- 4 tassi rebitud krutoone
- Topeltpartii Brown Butter Vinegrette
- 1/4 tassi peterselli lehti, lõdvalt pakitud
- 1 tass röstitud kreeka pähkleid
- Jämedalt jahvatatud must pipar
- 4 untsi Roqueforti juustu
- Punase veini äädikas, vastavalt vajadusele happe reguleerimiseks

JUHISED:

a) Kuumuta ahi temperatuurini 425 ° F.
b) Poolita iga Redis pea juureotsa kaudu. Lõika iga pool neljandikku. Nirista katteks ohtralt oliiviõliga. Käsitsege Redis tükke ettevaatlikult, jaotage need ühe kihina küpsetusplaadile, jättes iga tükkide vahele ruumi. Nirista peale veel oliiviõli ja maitsesta soolaga.
c) Poolita sibul läbi juureotsa. Lõika kumbki pool neljandikku, kokku 8 tükki. Nirista katteks ohtralt oliiviõliga. Käsitsedes sibulatükke ettevaatlikult, laota need ühe kihina küpsetusplaadile, jättes iga tükkide vahele ruumi. Nirista peale veel oliiviõli ja maitsesta soolaga.
d) Asetage ettevalmistatud köögiviljad eelsoojendatud ahju ja küpseta, kuni need on pehmed ja karamelliseerunud, umbes 22 minutit Redis ja 28 minutit sibulate puhul. Kontrollige köögivilju umbes 12 minuti pärast. Pöörake panne ja muutke nende asendit, et köögiviljad pruunistuksid ühtlaselt.
e) Asetage pooled krutoonidest suurde salatikaussi ja segage 1/3 tassi vinegretiga. Laske 10 minutit seista.
f) Lisa ülejäänud krutoonid, Redis, sibul, petersell, kreeka pähklid ja must pipar. Murenda sisse juust suurteks tükkideks. Kleit ülejäänud vinegretiga ja maitse. Maitsesta maitsestamist soola ja vajadusel väikese koguse punase veini äädikaga. Viska, maitse uuesti ja serveeri toatemperatuuril.
g) Hoidke ülejäägid kaanega kuni üheks ööks külmkapis.

9.Spargel ja feta piparmündiga

KOOSTISOSAD:
- soola
- 1/2 keskmist punast sibulat, õhukeseks viilutatud
- 1 spl punase veini äädikat
- 1 1/2 naela sparglit (umbes 2 kimpu), puitunud otsad eemaldatud
- 4 tassi rebitud krutoone
- 24 suurt piparmündilehte
- 3 untsi fetajuustu
- Topeltpartii punase veini vinegretti

JUHISED:
a) Pange suur pott vett kõrgel kuumusel keema. Maitsesta soolaga, kuni maitseb nagu suvine meri. Vooderda kaks ahjuplaati küpsetuspaberiga. Kõrvale panema.
b) Viska viilutatud sibul äädikaga väikesesse kaussi ja lase 20 minutit leotada. Kõrvale panema.
c) Kui spargel on paksem kui pliiats, koorige see triibuliselt, vajutades kergelt juurviljakoorijaga, et eemaldada ainult kõige välimine nahk umbes 1 tolli sügavusest õite all. Lõika spargel kallutatud 1 1/2-tollisteks tükkideks. Blanšeerige spargel keevas vees, kuni see on pehme, umbes 3 1/2 minutit (õhemate varte puhul vähem).
d) Küpsuse määramiseks maitsta tükki – selle keskel peaks siiski olema kõige nõrgem krõmps. Nõruta ja lase ettevalmistatud ahjuplaatidel ühe kihina jahtuda.
e) Asetage pooled krutoonidest suurde salatikaussi ja segage 1/3 tassi vinegretiga. Laske 10 minutit seista.
f) Lisa ülejäänud krutoonid, spargel ja leotatud sibul (kuid mitte nende äädikat veel). Rebi piparmündilehed väikesteks tükkideks. Murenda sisse feta suurte tükkidena. Riietage veel 1/3 tassi vinegretti ja maitsestage soolaga, seejärel maitsestage.
g) Reguleerige maitsestamist soola, vinegreti ja leotamise äädikaga vastavalt vajadusele. Viska, maitse uuesti ja serveeri toatemperatuuril.
h) Hoidke ülejäägid kaanega külmkapis kuni 1 öö.

KÖÖGIVILJAD

10.Kirsstomatite Confit

KOOSTISOSAD:
- 4 tassi varrega kirsstomateid (umbes 1 1/2 kuiva pinti)
- Väike peotäis basiilikulehti või -varsi (varred on maitsest pakatavad!)
- 4 küüslauguküünt, kooritud
- soola
- 2 tassi ekstra neitsioliiviõli

JUHISED:
a) Kuumuta ahi 300 °F-ni.
b) Laota kirsstomatid ühe kihina madalasse röstimisnõusse basiilikulehtede ja/või varte ja küüslauguküüntidega peenra kohale. Kata umbes 2 tassi oliiviõliga. Kuigi tomatid ei pea olema täielikult vee all, peaksid nad kõik õliga kokku puutuma. Maitsesta neid ohtralt soolaga, sega läbi ja torka siis umbes 35–40 minutiks ahju. Roog ei tohi kunagi keema tõusta – kõige rohkem sobib haudumine.
c) Saate aru, et need on valmis, kui need on vardaga läbitorkamisel terve tee õrnad ja esimesed kestad hakkavad lõhenema. Tõmmake need ahjust välja ja laske neil veidi jahtuda. Enne kasutamist visake basiilik ära.
d) Serveeri soojalt või toatemperatuuril. Hoidke tomateid külmkapis õlis kuni 5 päeva.

11.Snap Peas tšilli ja piparmündiga

KOOSTISOSAD:
- Umbes 2 supilusikatäit ekstra neitsioliiviõli
- 1 1/2 naela lõigatud suhkruherneid
- soola
- 12 piparmündilehte, julieneeritud
- 1 väikese sidruni peeneks riivitud koor (umbes 1 tl)
- 1/2 tl punaseid tšillihelbeid

JUHISED:
a) Pange suur praepann kõrgele kuumusele. Kui see on mõnus ja kuum, lisa just nii palju oliiviõli, et see kataks vaevu panni põhja.
b) Kui õli läigib, lisa kirssherned ja maitsesta soolaga.
c) Küpseta kõrgel kuumusel, pruunistades herneid, kuni need hakkavad pruunistuma, kuni need on magusad, kuid siiski krõbedad, umbes 5–6 minutit.
d) Tõsta pann tulelt ja sega hulka piparmünt, sidrunikoor ja tšillihelbed.
e) Maitse ja kohanda soola vastavalt vajadusele. Serveeri kohe.

12. Küüslaugused rohelised oad

KOOSTISOSAD:
- 2 naela värskeid rohelisi ube, kollaseid vahaube, Romano ube või haricots ube, lõigatud
- soola
- 2 spl ekstra neitsioliiviõli
- 3 küüslauguküünt, hakitud

JUHISED:

a) Seadke oma suurim pann keskmisel või kõrgel kuumusel ja laske 1/2 tassi vett keema tõusta.

b) Lisa rohelised oad, maitsesta paari näpuotsatäie soolaga ja kata kaanega, eemaldades ubade segamiseks iga minuti järel kaant.

c) Kui need on peaaegu täielikult pehmed, ubade puhul umbes 4 minutit ja küpsemate ubade puhul 7–10 minutit, kallake ülejäänud vesi pannilt välja, kasutades ubade hoidmiseks kaant. Tõsta pann tagasi pliidile, tõsta leek kõrgele ja kaeva panni keskele väike auk. Kalla auku oliiviõli ja lisa küüslauk.

d) Laske küüslaugul umbes 30 sekundit vaikselt särisema, kuni see vabastab aroomi, ja visake see kohe ubadega, enne kui see hakkab värvi saama. Tõsta tulelt. Maitse, maitsesta ja serveeri kohe.

13. Squash ja rooskapsas Magus-hapu

KOOSTISOSAD:

- 1 suur kõrvits (2 naela), kooritud, pikuti poolitatud, seemned ära visatud
- Ekstra neitsioliiviõli
- soola
- 1 nael rooskapsast, kärbitud, välimised lehed eemaldatud
- 1/2 punast sibulat, õhukeselt viilutatud
- 6 spl punase veini äädikat
- 1 spl suhkrut
- 3/4 tl punaseid tšillihelbeid
- 1 küüslauguküüs, peeneks riivitud või näpuotsatäie soolaga pekstud
- 16 värsket piparmündilehte

JUHISED:
a) Kuumuta ahi temperatuurini 425 ° F.
b) Lõika iga pool kõrvitsast risti 1/2-tollisteks poolkuudeks ja aseta suurde kaussi. Viska üle katmiseks piisava koguse oliiviõliga, umbes 3 supilusikatäit. Maitsesta soolaga ja aseta ühe kihina ahjuplaadile.
c) Poolita rooskapsas läbi varte, seejärel viska samasse suurde kaussi, lisades vajadusel katmiseks oliiviõli. Maitsesta soolaga ja aseta ühe kihina teisele ahjuplaadile.
d) Asetage kõrvits ja idud eelkuumutatud ahju ning küpseta, kuni need on pehmed ja karamelliseerunud, umbes 26–30 minutit. Kontrollige köögivilju umbes 12 minuti pärast. Pöörake panne ja muutke nende asendit ühtlase pruunistumise tagamiseks.
e) Vahepejuurdeviska väikesesse kaussi viilutatud sibul ja äädikas ning lase seista 20 minutit leotamiseks. Segage teises väikeses kausis veel 6 supilusikatäit ekstra neitsioliiviõli, suhkur, tšillihelbed ja küüslauk ning näputäis soola.
f) Kui röstitud köögiviljad on pealt pruunid ja noaga läbitorkamisel täiesti pehmed, võta need ahjust välja. Kapsad võivad küpseda veidi kiiremini kui squash. Sega köögiviljad suures kausis kokku. Sega leotatud sibulad ja nende äädikas oliiviõli segusse, seejärel vala pool marinaadist köögiviljadele. Segage, maitsestage ja lisage vajadusel soola ja marinaadi. Kaunista rebitud piparmündilehtedega ja serveeri soojalt või toatemperatuuril.

14. Vürtsikas brokkolirabe Ricotta salataga

KOOSTISOSAD:
- 2 kobarat (umbes 2 naela) spargelkapsast, loputatud
- Ekstra neitsioliiviõli
- 1 keskmine kollane sibul õhukesteks viiludeks
- soola
- Suur näputäis punase pipra helbeid
- 3 küüslauguküünt, viilutatud
- 1 sidrun
- 2 untsi ricotta salata juustu, jämedalt riivitud

JUHISED:
a) Lõika ära ja visake brokkoli rabe puitunud otsad ära. Lõika varred 1/2-tollisteks tükkideks ja lehed 1-tollisteks tükkideks.
b) Seadke suur Hollandi ahi või sarnane pott keskmisele kuumusele. Kui see on kuum, lisa 2 spl oliiviõli, et katta poti põhi. Kui õli sädeleb, lisa sibul ja näpuotsaga soola. Küpseta, aeg-ajalt segades, kuni sibul on pehme ja hakkab pruunistuma, umbes 15 minutit.
c) Tõsta kuumus keskmisele kõrgele, lisa potti veel üks supilusikatäis õli ja brokkoli rabe ning sega ühtlaseks. Maitsesta soola ja punase pipra helvestega. Võimalik, et peate brokolirabe kuhjama, et see sobiks, või oodake, kuni osa sellest küpseb, enne kui lisate ülejäänud osa. Kata pann kaanega ja küpseta aeg-ajalt segades, kuni brokkoli on pehmeks vajunud, umbes 20 minutit.
d) Eemaldage kaas ja tõstke kuumus kõrgeks. Laske brokolil pruunistuma hakata, seejärel liigutage seda pannil puulusikaga. Jätkake küpsetamist, kuni kogu brokkoli on ühtlaselt pruunistunud, umbes 10 minutit, seejärel liigutage see kõik panni välisservadesse. Lisage keskele supilusikatäis oliiviõli, seejärel lisage õlisse küüslauk ja laske sellel umbes 20 sekundit õrnalt särisema, kuni see hakkab lõhnama. Enne kui küüslauk hakkab pruunistuma, segage see koos brokkoliga. Maitse ja kohanda vastavalt vajadusele soola ja punase pipra helbeid. Tõsta tulelt ja pigista brokoli peale poole sidruni mahl.
e) Segage, maitsestage ja vajadusel lisage veel sidrunimahla. Kuhja serveerimisvaagnale ja kalla peale jämedalt riivitud ricotta salatat. Serveeri kohe.

15. Grillitud artišokk

KOOSTISOSAD:
- 6 artišokki (või 18 beebi artišokki)
- Ekstra neitsioliiviõli
- 1 spl punase veini äädikat
- soola

JUHISED:
a) Pange suur pott vett kõrgel kuumusel keema. Tehke söele tuli või soojendage gaasigrill. Vooderda ahjuplaat küpsetuspaberiga.
b) Eemaldage artišokkidelt sitked tumedad välimised lehed, kuni ülejäänud lehed on pooleldi kollased, pooled helerohelised. Lõika ära iga artišoki varre otsa puituim osa ja ülemine 1 1/2 tolli. Kui sisemisi lehti on lillad, lõigake need ka välja. Võimalik, et peate eemaldama rohkem, et kõik kiuline ära lõigata. Võib tunduda, et trimmerdate palju, kuid eemaldage rohkem, kui arvate, et peaksite, sest viimane asi, mida soovite, on laua ääres kiulise või kibeda hammustada. Kasutage teravat koorimisnoa või juurviljakoorijat, et eemaldada varre ja südamepõhja kõva välimine koor, kuni jõuate kahvatukollaste sisekihtideni. Neid puhastades asetage artišokid äädika veega kaussi, mis aitab vältida nende oksüdeerumist, mis muudab need pruuniks.
c) Lõika artišokid pooleks. Eemaldage teelusikaga ettevaatlikult õhuklapp või udune keskosa, seejärel pange artišokid hapestatud vette tagasi.
d) Kui vesi on keema tõusnud, maitsestage seda rikkalikult, kuni see on sama soolane kui meri. Asetage artišokid vette ja vähendage kuumust, et vesi jääks kiiresti keema. Küpseta artišokke, kuni need on terava noaga läbitorkamisel pehmed, beebiartišokkide puhul umbes 5 minutit ja suurte artišokkide puhul 14 minutit. Eemaldage need ettevaatlikult veest ämbliku või sõelaga ja asetage need ettevalmistatud küpsetusplaadile ühe kihina.
e) Nirista artišokkid kergelt oliiviõliga üle ja maitsesta soolaga. Aseta artišokid lõikepool allapoole keskmisel-kõrgel kuumusel grillile. Ärge liigutage neid enne, kui need hakkavad pruunistuma, seejärel pöörake vardaid, kuni lõikepool on ühtlaselt pruun, umbes 3–4 minutit kummalgi küljel. Pöörake, pruunistage teine pool samjuurdeviisil.
f) Tõsta grillilt ja nirista soovi korrjuurdeüle Mint Roheline kaste või serveeri Aïoli või mee-sinepivinegretiga. Serveeri kuumalt või toatemperatuuril.

LAOS JA SUPID

16.Kanapuljong

KOOSTISOSAD:
- 7 naela kanakonte (vähemalt pooled peavad olema toored)
- 7 liitrit vett
- 2 sibulat, koorimata, neljaks lõigatud
- 2 porgandit, kooritud ja poolitatud risti
- 2 sellerivart, poolitatud risti
- 1 tl musta pipra tera
- 2 loorberilehte
- 4 tüümianioksa
- 5 peterselli oksa või 10 vart
- 1 tl valge veini äädikat

JUHISED:
a) Pane kõik peale äädika suurde potti. Kuumuta puljong kõrgel kuumusel keemiseni, seejärel alanda keema. Eemaldage pinnale tõusev vaht. Nüüd lisa äädikas, mis aitab luudest toitaineid ja mineraalaineid puljongisse välja tõmmata.
b) Hauta kaaneta 6–8 tundi. Hoidke sellel silm peal, et see jääks keema. Kui puljong keeb, panevad selle mullid tagasi rasva, mis tõuseb puljongi ülaossa. Pideva kuumuse ja segamise korrjuurdepuljong emulgeerub. See on üks kordi, mil te ei otsi emulsiooni, sest peale hägususe on emulgeeritud puljong ka hägune maitse ja kleepub ebameeldivalt keele külge. Üks parimaid asju hea varude juures on see, et kuigi selle maitse on rikkalik, on see ka puhas.
c) Kurna läbi peene sõela ja jahuta. Kraapige ülespoole kerkiv rasv ja hoidke see Chicken Confiti jaoks külmikusse või sügavkülma.
d) Hoia külmkapis kuni 5 päeva või sügavkülmas kuni 3 kuud.

17. Stracciatella Rooma munatilgasupp

KOOSTISOSAD:
- 9 tassi kanapuljongit
- soola
- 6 suurt muna
- Värskelt jahvatatud must pipar
- 3/4 untsi tükk parmesani, peeneks riivitud (umbes 3/4 tassi), pluss veel serveerimiseks
- 1 supilusikatäis peeneks hakitud peterselli

JUHISED:
a) Kuumuta puljong keskmises potis keema ja maitsesta soolaga. Vispelda tilaga mõõtetopsis (võid kasutada ka keskmist kaussi) munad, näpuotsatäis soola, pipart, parmesani ja peterselli.
b) Kalla munasegu õhukese joana suppi õrnalt kahvliga segades keevasse puljongisse. Vältige ülesegamist, mille tõttu munad lagunevad väikesteks isuäratavateks tükkideks, mitte stracci või kaltsudeks, mille järgi supp on nimetatud. Lase munasegul umbes 30 sekundit küpseda, seejärel vala supp kaussidesse. Kaunista veel parmesaniga ja serveeri kohe.
c) Katke ja hoidke ülejäägid kuni 3 päeva külmkapis. Uuesti soojendamiseks laske supp õrnalt keema tõusta.

18. Toscana oa ja lehtkapsa supp

KOOSTISOSAD:
- Ekstra neitsioliiviõli
- Valikuline: 2 untsi pancettat või peekonit, tükeldatud
- 1 keskmine kollane sibul, tükeldatud (umbes 1 1/2 tassi)
- 2 sellerivart, tükeldatud (umbes 2/3 tassi)
- 3 keskmist porgandit, kooritud ja tükeldatud (1 tass)
- 2 loorberilehte
- soola
- Värskelt jahvatatud must pipar
- 2 küüslauguküünt, õhukeselt viilutatud
- 2 tassi purustatud konserveeritud või värskeid tomateid oma mahlas
- 3 tassi keedetud ube, nagu cannellini, koroona või jõhvikas, keeduvedelik reserveeritud
- 1 unts värskelt riivitud parmesani (umbes 1/3 tassi), koor reserveeritud
- 3 kuni 4 tassi kanapuljongit või vett
- 2 kobarat lehtkapsast, õhukeselt viilutatud (umbes 6 tassi viilutatud)
- 1/2 väikest rohelist või Savoia kapsast, südamik eemaldatud ja õhukesteks viiludeks lõigatud (umbes 3 tassi viilutatud)

JUHISED:

a) Seadke suur Hollandi ahi või pott keskmisel-kõrgel kuumusel ja lisage 1 spl oliiviõli. Kui õli särab, lisage pancetta, kui kasutate, ja küpseta segades 1 minut, kuni see hakkab pruunistuma.

b) Lisa sibul, seller, porgand ja loorberilehed. Maitsesta ohtralt soola ja pipraga. Alandage kuumust keskmisele ja küpsetage aeg-ajalt segades, kuni köögiviljad on pehmed ja hakkavad just pruunistuma, umbes 15 minutit. Kaevake poti keskele väike auk, seejärel lisage veel üks supilusikatäis oliiviõli. Lisage küüslauk ja laske sellel umbes 30 sekundit õrnalt särisema, kuni see annab aroomi. Enne kui küüslauk jõuab pruunistuda, lisa tomatid. Segage, maitsestage ja lisage vajadusel soola.

c) Laske tomatitel podiseda, kuni need keevad moosise konsistentsini, umbes 8 minutit, seejärel lisage oad ja nende keeduvedelik, pool riivitud parmesanist ja selle koorest ning piisavalt puljongit või vett, et need oleksid kaetud. Lisage kaks mõõdukat tilka oliiviõli , umbes 1/4 tassi. Aeg-ajalt segades lase supp uuesti keema tõusta. Lisa lehtkapsas ja kapsas ning lase uuesti keema tõusta, lisades vajadusel puljongit või vett, et katta.

d) Küpseta, kuni maitsed on omavahel kokku puutunud ja rohelised pehmed, veel umbes 20 minutit. Maitse ja kohanda soola järgi.

e) Eemalda parmesani koor ja loorberilehed.

f) Serveeri tilgakese parima käepärast oliiviõli ja riivitud parmesaniga.

g) Hoida külmkapis kaetult kuni 5 päeva. See supp külmub ka erakordselt hästi kuni 2 kuud. Enne kasutamist laske supp uuesti keema.

19. Siidine suhkrumaisi supp

KOOSTISOSAD:
- Eemaldatud 8–10 võra maisi, kestad, varred ja siid
- 8 supilusikatäit (4 untsi) võid
- 2 keskmist kollast sibulat, viilutatud
- soola

JUHISED:

a) Voldi köögirätik neljaks ja aseta see suurde laia metallkausi sisse. Hoidke ühe käega maisikõrvast köögirätiku pejuurdepüsti – see aitab kõrva ülaosas pigistada. Teise käega kasutage sakilise nuga või teravat kokanoa, et lõigata korraga ära kaks või kolm rida tuumasid, libistades nuga mööda tõlvikut alla. Minge tõlvikule nii lähedale kui võimalik ja seiske vastu kiusatusele mitu rida korraga ära lõigata – nii jääb maha palju väärtuslikku maisi. Päästa tõlvikud.

b) Valmista supipotis kiiresti maisitõlviku puljong: kata maisitõlvikud 9 tassi veega ja kuumuta keemiseni. Alanda kuumust ja hauta 10 minutit, seejärel eemalda tõlvikud. Pange varu kõrvale.

c) Tõsta pott tagasi pliidile ja kuumuta keskmisel kuumusel. Lisa või. Kui see on sulanud, lisage sibul ja vähendage kuumust keskmisele madalale. Küpseta, aeg-ajalt segades, kuni sibul on täiesti pehme ja pooläbipaistev või blond, umbes 20 minutit. Kui märkate, et sibul hakkab pruunistuma, lisage tilk vett ja jälgige asju sageli segades, et vältida edasist pruunistumist.

d) Niipea, kui sibul on pehme, lisa mais. Tõstke kuumust kõrgeks ja hautage 3–4 minutit, kuni mais muutub heledamaks kollaseks. Lisa nii palju puljongit, et kõik kataks, ja tõsta kuumus kõrgeks. Hoidke ülejäänud puljong alles juhuks, kui teil on vaja suppi hiljem lahjendada. Maitsesta soolaga, maitse ja reguleeri. Kuumuta keemiseni, seejärel hauta 15 minutit.

e) Kui teil on sukelmikser, blenderige sellega suppi ettevaatlikult, kuni see on püreestatud. Kui teil seda pole, püreerige see hoolikalt ja kiiresti blenderis või köögikombainis partiidena. Väga siidise tekstuuri saamiseks kurna supp viimast korda läbi peene sõela.

f) Maitske suppi soola, magususe ja happelise tasakaalu osas. Kui supp on väga tasaselt magus, võib väike tilk valge veini äädikat või laimimahla aidata seda tasakaalustada.

g) Serveerimiseks valage jahutatud supp kaussidesse ja lisage sellele lusikaga kaunistamiseks salsat või laske supp kiiresti keema ja serveerige kuumalt koos happelise lisandiga, näiteks Mehhiko ürdisalsaga või India kookose-koriandri chutneyga.

OAD, TERAD JA PASTA

20. Pärsia riis

KOOSTISOSAD:
- 2 tassi basmati riisi
- soola
- 3 supilusikatäit tavalist jogurtit
- 3 supilusikatäit võid
- 3 spl neutraalse maitsega õli

JUHISED:
a) Täitke suur pott 4 liitri veega ja laske kõrgel kuumusel keema.
b) Vahepejuurdepane riis kaussi ja loputa külma veega, tugevalt sõrmedega keerutades ja vett vähemalt viis korda vahetades, kuni tärklis on ära jooksnud ja vesi selgeks jooksnud. Nõruta riis.
c) Kui vesi keeb, soola see tugevasti. Täpne kogus oleneb kasutatavast soolast, kuid see on umbes 6 supilusikatäit peent meresoola või 1/2 tassi koššersoola. Vesi peaks olema soolasem kui kõige soolasem merevesi, mida olete kunagi maitsnud. See on teie suurepärane võimalus saada riis seestpoolt maitsestatud ja see veedab soolaga maitsestatud vees vaid mõne minuti, nii et ärge paanitsege oma toidu ülesoolamise pärast. Lisa riis ja sega.
d) Asetage kraanikaussi peene silmaga sõel või kurn. Keeda riisi aeg-ajalt segades, kuni see on juurdedente, umbes 6–8 minutit. Nõruta sõeljuurdeja alusta kohe külma veega loputamist, et riis ei küpseks edasi. Äravool.
e) Eemaldage 1 tass riisi ja ühendage see jogurtiga.
f) Asetage suur, väga hästi maitsestatud 10-tolline malmist pann või mittenakkuva pann keskmisele kuumusele, seejärel lisage õli ja või. Kui või sulab, lisa pannile jogurti-riisi segu ja tasanda. Kuhjake ülejäänud riis pannile, kuhjake seda õrnalt keskkoha poole. Kaevake puulusika käepideme abil riisi õrnalt viis-kuus auku kuni poti põhjani, mis hakkab õrnalt särisema. Avad lasevad aurul kõige alumisest riisikihist välja pääseda, et tekiks krõbe koorik. Pannil peaks olema piisavalt õli, et oleks näha, kuidas see külgedelt mullitab. Vajadusel lisage nende mullide nägemiseks veidi rohkem õli.
g) Jätkake riisi keetmist keskmisel kuumusel, pöörates panni veerand pööret iga 3 või 4 minuti järel, et tagada ühtlane pruunistumine,

kuni näete, et panni külgedele hakkab moodustuma kuldne koorik (umbes 15–20 minutit). Kui näete, et koorik muutub helekollasest kuldseks, vähendage kuumust madalale ja jätkake küpsetamist veel 15–20 minutit. Kooriku servad peaksid olema kuldsed ja riis täielikult läbi küpsenud.

h) Riisi vormist vabastamiseks tõmmake spaatliga ettevaatlikult mööda panni servi, et ükski kooriku osa ei jääks kinni. Kallake panni põhjas olev liigne rasv kaussi, koguge julgust ja keerake see ettevaatlikult vaagnale või lõikelauale. See peaks välja nägema kauni kuldse koorikuga koheva riisi kookina.

i) Ja kui teie riis mingil põhjusel ühes tükis välja ei libise, tehke seda, mida on teinud iga Pärsia vanaema aegade algusest peale: kühveldage riis välja, lõigake tahdig lusika või metalllabidaga tükkideks ja teesklege kavatsenud seda nii teha. Keegi ei saa targemaks.

j) Serveeri kohe koos aeglaselt röstitud lõhe, Kufte Kebabi, Pärsia röstitud kana või Kuku Sabziga.

21.Pasta Cacio ja Pepe

KOOSTISOSAD:
- soola
- 1 nael spagetid, bucatini või tonnarelli pasta
- Ekstra neitsioliiviõli
- 1 spl väga jämedalt jahvatatud musta pipart
- 4 untsi pecorino Romano, väga peeneks riivitud (umbes 2 tassi)

JUHISED:
a) Pane suur pott vett kõrgele tulele ja kuumuta keemiseni. Maitsesta ohtralt soolaga, kuni maitseb nagu suvine meri. Lisa pasta ja küpseta aeg-ajalt segades kuni juurdedente. Jätke pasta kurnamiseks 2 tassi keeduvett.
b) Vahepejuurdekuumuta suur pann keskmisel kuumusel ja lisa nii palju oliiviõli, et see kataks põhja. Kui see sädeleb, lisage pipar ja küpseta, kuni see lõhnab, umbes 20 sekundit. Lisa pannile 3/4 tassi pasta keeduvett ja lase keema tõusta – see soodustab emulsiooni moodustumist.
c) Lisa kurnatud pasta kuumale pannile, viska nuudlitele katteks ja puista peale peotäis juustu. Kasutage pasta jõuliseks viskamiseks tange, lisades vajadusel rohkem pastavett, et tekiks kreemjas kaste, mis kleepub pasta külge ilma klompimata. Maitse ja kohanda soola vastavalt vajadusele. Kaunista ülejäänud juustu ja jämedamalt jahvatatud pipraga ning serveeri kohe.

22. Pasta alla Pomarola

KOOSTISOSAD:
- Ekstra neitsioliiviõli
- 2 keskmist punast või kollast sibulat õhukeseks viilutatud
- soola
- 4 küüslauguküünt
- 4 naela värskeid, küpseid varrega tomateid või kaks (28 untsi) purki terveid San Marzano või Roma tomateid oma mahlas
- 16 värsket basiilikulehte või 1 spl kuivatatud pune
- 3/4 naela spagetid, bucatini, penne või rigatoni
- Serveerimiseks parmesan, pecorino Romano või ricotta salata

JUHISED:
a) Asetage suur, paksupõhjaline mittereaktiivne pott keskmisel-kõrgel kuumusel. Kui pott on kuum, lisa nii palju oliiviõli, et see kataks põhja. Kui õli läigib, lisa sibulad.
b) Maitsesta soolaga ja alanda kuumust keskmisele, aeg-ajalt segades, et vältida kõrbemist. Küpseta, kuni sibul on pehme ja pooläbipaistev või blond, umbes 15 minutit. Väike pruunistamine on hea, kuid ärge laske sibuljuurdekõrbeda. Kui sibul hakkab liiga kiiresti pruunistuma, vähenda kuumust ja lisa tilk vett.
c) Sibulate küpsemise ajjuurdeviilutage küüslauk ja seejärel neljandike tomatid, kui kasutate värsket. Kui kasutate konserve, valage need suurde sügavasse kaussi ja purustage kätega. Keerake ühes purkis umbes 1/4 tassi vett, seejärel valage see teise purki ja keerake ning lisage seejärel tomatitele. Kõrvale panema.
d) Kui sibul on pehme, suru need poti välisservadesse ja lisa keskele lusikatäis õli. Lisa küüslauk õlile. Suruge küüslauku umbes 20 sekundit õrnalt, kuni see hakkab lõhnama, ja enne pruunistamist lisage tomatid. Kui kasutate värskeid tomateid, purustage need puulusikaga ja julgustage mahla välja tulema. Kuumuta kaste keemiseni, seejärel alanda keemiseni. Maitsesta soolaga ja rebi sisse basiilikulehed või lisa pune, kui kasutad.
e) Keeda madaljuurdekuumusel, kastet sageli puulusikaga segades. Kraapige poti põhja, veendumaks, et midagi ei kleepuks. Kui kaste hakkab kleepuma ja kõrbema, siis toimige vastupidiselt . Ära sega! See lihtsalt segab kõrbenud maitse ülejäänud mõjutamata

kastmega. Selle asemel tõsta kaste kohe ilma põhja kraapimata uude potti ja jäta kõrbenud pott kraanikaussi imbuma. Olge eriti ettevaatlik, et uus pott uuesti põlema ei läheks.

f) Pane suur pott vett kõrgel kuumusel keema. Katke kaanega, et vältida liigset aurustumist.

g) Kaste valmib siis, kui selle maitse muutub toorelt keedetud, umbes 25 minutit. Kasttes lusika kastmesse, meenub sulle vähem aeda või talupidaja turgu ja pigem lohutavat pastakaussi. Kui kasutate konservtomateid, on nihe peenem: oodake hetke, mil tomatid kaotavad purgist oma plekimaitse, mis võib kesta ligi 40 minutit. Kui tomatid on küpsed, keetke kaste kiiresti ja segage 3/4 tassi oliiviõliga. Laske paar minutit koos podiseda; pomarola muutub emulgeerumisel rikkalikuks kastmeks. Eemaldage see tulelt.

h) Püreesta kaste mikseri, blenderi või toiduveskiga, seejärel maitse ja maitsesta. Hoia kaetult külmkapis kuni nädjuurdevõi sügavkülmas kuni 3 kuud. Säilivuskindla pomarola jaoks töötle kastmega täidetud purke 20 minutit veevannis ja kasuta ära aasta jooksul.

i) 4 inimese serveerimiseks maitsesta potti vett soolaga, kuni see maitseb nagu suvine meri. Lisage pasta, segage ja küpseta, kuni see on lihtsalt juurdedente. Pasta küpsemise ajjuurdehauta 2 tassi pomarolakastet suurel pannil keema. Nõruta pasta, jättes alles 1 tassi pastavett.

j) Lisa pasta kastmele ja sega läbi, lahjenda vastavalt vajadusele pastavee ja oliiviõliga. Maitse ja kohanda soola vastavalt vajadusele. Serveeri kohe koos parmesani, pecorino Romano või ricotta salata juustuga.

23. Pasta brokkoli ja leivapuruga

KOOSTISOSAD:
- soola
- 2 naela brokkoli, õisikud ja kooritud varred
- Ekstra neitsioliiviõli
- 1 suur kollane sibul, peeneks hakitud
- 1 kuni 2 tl punase pipra helbeid
- 3 küüslauguküünt, hakitud
- 1 nael orecchiette, penne, linguine, bucatini või spagetid
- 1/2 tassi puistamispuru
- Serveerimiseks värskelt riivitud parmesan

JUHISED:
a) Pange suur pott veega kõrgele kuumusele. Kui keema läheb, maitsesta ohtralt soolaga, kuni maitseb nagu suvine meri.
b) Lõika brokoliõied 1/2-tollisteks tükkideks ja varred 1/4-tollisteks viiludeks.
c) Seadke suur Hollandi ahi või sarnane pott keskmisel-kõrgel kuumusel. Kui see on kuum, lisa nii palju oliiviõli, et see kataks poti põhja. Kui õli sädeleb, lisage sibul, näpuotsaga soola ja 1 tl piprahelbed. Niipea, kui sibul hakkab pruunistuma, segage neid ja vähendage leek keskmisele tasemele. Aeg-ajalt segades küpseta sibulaid, kuni need on pehmed ja kuldpruunid, umbes 15 minutit. Liigutage sibul poti servale, vabastades keskele koha. Lisa supilusikatäis oliiviõli ja seejärel küüslauk. Küpseta õrnalt, kuni küüslauk hakkab lõhnama, umbes 20 sekundit. Enne kui küüslauk hakkab värvi võtma, segage see sibulate hulka ja vähendage kuumust madalaks, et küüslauk ei pruunistuks.
d) Kastke brokkoli keevasse vette ja keetke, kuni see on pehme, umbes 4–5 minutit. Eemaldage tükid potist ämbliku või lusikaga ja lisage need otse sibulapannile. Katke pott veega, et vältida aurustumist ja jätke pasta keetmiseks pliidile keema. Tõstke kuumus keskmisele ja jätkake küpsetamist aeg-ajalt segades, kuni brokkoli hakkab lagunema ning seguneb sibula ja oliiviõliga kastmeks, umbes 20 minutit. Kui segu tundub kuiv, mitte niru, lisage selle niisutamiseks lusikatäis või kaks keeduvett.
e) Lisage pasta vette ja segage. Küpsemise ajjuurdejätkake brokkoli küpsetamist ja segamist. Võti on tagada, et pannil oleks piisavalt vett, et brokkoli, õli ja vesi emulgeeriksid ning muutuksid mõnusaks ja magusaks. Jätkake küpsetamist ja segamist ning lisage vajadusel vett.
f) Kui pasta on juurdedente, nõrutage see, jättes alles kaks tassi keeduvett. Viska kuumad nuudlid pannile koos brokoliga ja sega läbi. Lisage veel üks tilk oliiviõli ja soolast pastavett, et kõik nuudlid oleksid hästi kaetud, niisked ja maitsestatud. Maitse ja kohanda vastavalt vajadusele soola-piprahelbeid.
g) Serveeri kohe, riivsaia ja rohkete koguste lumise riiviga parmesaniga.

24. Pasta juurde Ragù

KOOSTISOSAD:
- Ekstra neitsioliiviõli
- 1 nael jämedalt jahvatatud veiselihapadrunit
- 1 nael jämedalt jahvatatud sea abatükki
- 2 keskmist kollast sibulat, hakitud
- 1 suur porgand, hakitud
- 2 suurt sellerivart, hakitud
- 1 1/2 tassi kuiva punast veini
- 2 tassi kana- või veiselihapuljongit või vett
- 2 tassi täispiima
- 2 loorberilehte
- 1 1-tolline 3-tolline riba sidrunikoort
- 1 1-tolline 3-tolline apelsinikoore riba
- 1/2-tolline tükk kaneelipulk
- 5 spl tomatipastat
- Valikuline: parmesani koor
- Terve muskaatpähkel
- soola
- Värskelt jahvatatud must pipar
- 1 nael tagliatelle, penne või rigatoni
- 4 supilusikatäit võid
- Serveerimiseks värskelt riivitud parmesan

JUHISED:
a) Seadke suur Hollandi ahi või sarnane pott kõrgele kuumusele ja lisage põhja katmiseks piisavalt oliiviõli. Murenda veiseliha potti pähklisuuruste tükkidena. Küpseta, segades ja tükeldades lusikaga liha, kuni see säriseb ja muutub kuldpruuniks, 6–7 minutit. Ärge veel maitsestage liha – sool tõmbab vett välja ja aeglustab pruunistumist. Tõsta liha lusika abil suurde kaussi, jättes sulatatud rasv potti. Pruunista sealiha samamoodi.
b) Lisage sibulad, porgandid ja seller (soffritto) samasse potti ning küpseta keskmisel-kõrgel kuumusel. Rasva kogus peaks olema piisav, et see kataks peaaegu soffritto, nii et lisage vajadusel oliiviõli, vähemalt veel 3/4 tassi. Küpseta regulaarselt segades, kuni köögiviljad on pehmed ja soffritto on sügavpruun, 25–30

minutit. (Soffritto võid soovi korrjuurdeoliiviõlis päev-kaks ette valmistada, et retseptis olevad ajamahukad sammud katkestada. Soffritto külmub ka hästi kuni 2 kuud!)

c) Tõsta liha tagasi potti, tõsta kuumust kõrgele ja lisa vein. Kaabi puulusikaga poti põhja, et pruunistunud tükid kastmesse pääseksid. Lisage puljong või vesi, piim, loorberilehed, koored, kaneel, tomatipasta ja parmesani koor, kui kasutate. Lisage 10 tõmblukuga värsket muskaatpähklit, riivides seda muskaatpähkliveskile või muule peenele riivile. Maitsesta soola ja värskelt jahvatatud pipraga maitse järgi. Kuumuta keemiseni, seejärel alanda keemiseni.

d) Lase kastmel aeg-ajalt segades podiseda. Kui piim laguneb ja kaste hakkab isuäratav välja nägema, hakake 30–40 minuti jooksul segu maitsma ning soola, happe, magususe, rikkalikkuse ja kehaga reguleerima. Kui see vajab hapet, lisa salajane tilk veini. Kui see tundub mahe, lisa tomatipasta, et see ellu äratada ja magusust anda. Kui see peab olema rammusam, lisa veidi piima. Kui ragù tundub õhuke, lisage ohtralt puljongit. See väheneb keemisel, jättes maha želatiini, mis aitab kastet paksendada.

e) Hauta madalaimjuurdevõimalikul kuumusel, eemaldades aeg-ajalt rasva ja segades sageli, kuni liha on pehme ja maitsed sulanud, umbes 1 1/2 kuni 2 tundi. Kui olete rahul, et ragù on valmis, eemaldage lusika või vahukulbiga pinnale kerkinud rasv ning eemaldage parmesani koored, loorberilehed, tsitruseliste koored ja kaneel. Maitse ja lisa soola ja pipraga uuesti.

f) 4 portsjoni jaoks viska 2 tassi kuuma ragù juurde 1 kilo juurdedente keedetud pasta ja 4 supilusikatäit võid. Serveeri rohke värskelt riivitud parmesaniga.

g) Katke ja hoidke ülejäänud ragù külmkapis kuni 1 nädjuurdevõi sügavkülmas kuni 3 kuud. Enne kasutamist laske uuesti keema tõusta.

25.Pasta juuresKarbid Pasta karpidega

KOOSTISOSAD:
- soola
- Ekstra neitsioliiviõli
- 1 keskmine kollane sibul, peeneks hakitud, juureotsad päästetud
- 2 või 3 peterselli oksa ja 1/4 tassi peeneks hakitud lehti
- 2 naela väike kaelakarp, hästi nühitud
- 1 tass kuiva valget veini
- 2 küüslauguküünt, hakitud
- Umbes 1 tl punase pipra helbeid
- 1 nael linguine või spagetid
- 2 naela Manila või kirsikivi karbid, hästi nühkitud
- 1 sidruni mahl
- 4 spl võid
- 1 unts parmesani, peeneks riivitud (umbes 1/4 tassi)

JUHISED:
a) Kuumuta suur pott ohtralt soolaga maitsestatud vett keema.
b) Kuumuta suur pann keskmisel-kõrgel kuumusel ja lisa supilusikatäis õli. Lisage sibula juureotsad, peterselioksad ja nii palju kaelakesi, kui ühte kihti mahub, seejärel valage 3/4 tassi veini.
c) Tõsta kuumus kõrgeks, kata pann ja lase merekarpidel 3–4 minutit aurutada, kuni need avanevad. Eemaldage kate ja kasutage tangide abil karbid kaussi, kui need avanevad. Kui sejuurdeon tõrksad karbid, koputage neid õrnalt tangidega, et julgustada neid avama. Visake ära kõik karbid, mis pärast 6-minutilist küpsetamist ei avane. Lisa pannile ülejäänud väikesed kaelatükid ja küpseta samamoodi ülejäänud veiniga.
d) Kurna keeduvedelik läbi peene sõelaga sõela ja tõsta kõrvale. Kui karbid on käsitsemiseks piisavalt jahedad, eemaldage need koortest ja tükeldage jämedalt. Tõsta kõrvale väikesesse kaussi, kus on nii palju keeduvedelikku, et see kataks. Visake kestad ära.
e) Loputage pann, seejärel laske keskmisel kuumusel. Lisa nii palju õli, et panni põhi kataks, ning lisa kuubikuteks lõigatud sibul ja näpuotsaga soola. Küpseta kuni pehme, aeg-ajalt segades, umbes

12 minutit. See on hea, kui sibul võtab värvi, kuid ära lase sellel põleda; lisa vajadusel tilk vett.

f) Samjuurdeajjuurdekeeda pasta, kuni see pole päris juurdedente.

g) Lisa sibulale küüslauk ja 1/2 tl piprahelbed ning särise õrnalt. Enne kui küüslauk jõuab pruunistuda, lisage Manila- või kirsikivikarbid ja tõstke kuumus kõrgeks. Lisage tervislik tilk merekarbi keeduvedelikku või veini ja katke pann. Niipea, kui karbid avanevad, lisage tükeldatud väikesed kaelad. Keeda koos paar minutit, seejärel maitse ja lisa vajadusel hapet sidrunimahla või rohkema valge veiniga.

h) Nõruta pasta, jättes 1 tassi keeduvedelikku, ja lisa kohe koos karpidega pannile. Lase nuudlitel keeda kuni juurdedente'ni merekarbi vedelikus, et nad saaksid endasse kogu soolase headuse.

i) Maitske ja kohandage soola, vürtsikuse ja happega. Pasta peaks olema üsna mahlane - kui see pole nii, lisage veel lusikatäit merekarbi keeduvedelikku, veini või pastavett. Lisage või ja juust ning laske neil sulada, seejärel viskage pasta katteks. Puista peale hakitud petersellilehed ja tõsta lusikaga kaussidesse.

j) Serveeri kohe koos kooreleivaga, et kastmesse nihutada.

KALA

26. Aeglaselt röstitud lõhe

KOOSTISOSAD:
- 1 rikkalik peotäis peeneid ürte, nagu petersell, koriander, till või apteegitilli lehed või 3 viigimarjalehte
- 1 2-kilone lõhefilee, nahk eemaldatud
- soola
- Ekstra neitsioliiviõli

JUHISED:
a) Kuumuta ahi temperatuurini 225 °F. Tehke maitsetaimedest voodi või kui kasutate viigilehti, asetage need küpsetusplaadi keskele. Kõrvale panema.
b) Lõhe mõlemjuurdeküljel on õhukeste nööpnõelade joon, mis ulatub umbes kahe kolmandikuni filee allapoole jäävast teest. Asetage filee pintsettide või tangidega lõikelauale nahaga allapoole. Luude leidmiseks liigutage sõrmedega kergelt üle kala peast sabani ja meelitage nende otsad lihast välja.
c) Alustades peaotsast, tõmmake luud ükshaavjuurdevälja, tõmmates neid pintsettidega sama nurga all, mille all need on kalas. Kui olete luu välja võtnud, kastke pintsetid klaasist külma vette, et luu vabaneks. Kui olete lõpetanud, tõmmake sõrmedega veel kord üle kala, et veenduda, et olete kõik luud kätte saanud. See on kõik!
d) Maitsesta kala mõlemad pooled soolaga ja torka ürdipeenrasse. Nirista kalale supilusikatäis oliiviõli ja hõõru see kätega ühtlaseks. Lükake pann ahju.
e) Rösti 40–50 minutit, kuni kala hakkab noa või sõrmega torkamisel filee kõige paksemast osast ketendama. Kuna see meetod on valkude suhtes nii õrn, tundub kala poolläbipaistev isegi siis, kui see on küpsetatud.
f) Kui lõhe on küpsetatud, purustage see suurteks maalähedasteks tükkideks ja lusikaga lusikaga mis tahes liiki ürdisalsat. Kumquat Salsa ja Meyer Lemon Salsa töötavad siin eriti hästi. Serveeri valgete ubade või kartulite ning hakitud apteegitilli ja redisega.

27.Õllepekstud kala

KOOSTISOSAD:
- 2 1/2 tassi universaalset jahu
- 1 tl küpsetuspulbrit
- 1/2 tl jahvatatud Cayenne'i pipart
- soola
- 1 1/2 naela helbeid valgeid kalasid, nagu hiidlest, merikeel või tursk, kondita ja lõigatud
- 6 tassi viinamarjaseemne-, maapähkli- või rapsiõli praadimiseks
- 1 1/4 tassi viina, jääkülm
- Umbes 1 1/2 tassi laagerõlut, jääkülm
- Valikuline: ekstra krõbeduse saamiseks asendage pool universaalsest jahust riisijahuga

JUHISED:
a) Sega keskmises kausis jahu, küpsetuspulber, Cayenne'i pipar ja näpuotsatäis soola. Aseta sügavkülma.
b) Lõika kala diagonaalis 8 võrdseks tükiks, millest igaüks on umbes 1 x 3 tolli pikk. Maitsesta ohtralt soolaga. Hoidke jääl või külmkapis, kuni olete valmis küpsetama.
c) Asetage lai sügav pann keskmisele kuumusele. Lisage piisavalt õli, et jõuda 1 1/2 tolli sügavusele, ja kuumutage temperatuurini 365 °F.
d) Kui õli on kuum, valmista tainas: lisa viin jahukaussi, samjuurdeajjuurdeühe käe sõrmeotstega aeglaselt segades. Seejärel lisage järk-järgult nii palju õlut, et tainas vedelaks umbes sama konsistentsiga nagu pannkoogitainas – see peaks kergesti sõrmeotstest maha tilkuma. Ärge segage üle – tükid muutuvad praadimisel kergeks krõbedaks koorikuks.
e) Asetage pool kalast taigna kaussi. Katke kalatükid ükshaavjuurdeüleni ja seejärel laske need ettevaatlikult kuuma õli sisse. Ärge pakkige potti üle – õlis ei tohi kunagi olla rohkem kui üks kiht kala. Kui tükid praadivad, kasutage tangide abil õrnalt, et need kokku ei kleepuks. Umbes 2 minuti pärast, kui alumised küljed on kuldpruunid, keerake tükid ümber ja küpsetage teine pool. Kui teine pool on kuldne, eemalda kala õlist tangide või lusikaga. Maitsesta soolaga ja nõruta paberrätikutega kaetud ahjuplaadil.
f) Prae ülejäänud kalad samjuurdeviisil, lastes õlitemperatuuril partiide vahel naasta 365 °F-ni.
g) Serveeri kohe koos sidruniviilude ja tatari kastmega.

28. Tuna Confit

KOOSTISOSAD:
- 1 1/2 naela värsket pikkuim-tuuni või kollauim-tuunikala, lõigatud 1 1/2 tolli paksusteks tükkideks
- soola
- 2 1/2 tassi oliiviõli
- 4 küüslauguküünt, kooritud
- 1 kuivatatud punane pipar
- 2 loorberilehte
- 2 1-tollist riba sidrunikoort
- 1 tl musta pipra tera

JUHISED:
a) Maitsesta tuunikala soolaga umbes 30 minutit enne selle küpsetamist.
b) Tuunikala küpsetamiseks asetage õli, küüslauk, punane pipar, loorberilehed, sidrunikoor ja pipraterad Hollandi ahju või sügavale raskele praepannile. Kuumutage umbes 180 °F-ni – õli peaks olema katsudes soe, kuid mitte kuum.
c) Küpseta umbes 15 minutit, et õli immuks aromaatsustega ja pastöriseeriks kõik, et säilivusaeg oleks pikk.
d) Libistage tuunikala ühe kihina sooja õli sisse. Tuunikala peab olema õliga kaetud, nii et vajadusel lisa veel. Vajadusel saate kala ka partiidena küpsetada.
e) Viige õli temperatuurini umbes 150 °F või seni, kuni näete, et kala kiirgab iga paari sekundi järel mulli või kaks. Õli täpne temperatuur ei ole nii oluline ja see kõikub, kui leeki üles-alla keerate ning kala lisate ja eemaldate. Oluline on küpsetada kala aeglaselt, nii et vajadusel eksige madaljuurdeküljel.
f) Umbes 9 minuti pärast eemaldage tükk õlist ja kontrollige valmisolekut. Kala peaks olema vaevalt keskmise haruldane – keskelt ikka üsna roosakas –, kuna kuumus kandub edasi. Kui see on liiga haruldane, pange kala uuesti õlisse ja küpseta veel minut.
g) Tõsta küpsenud kala õlist välja ja lase taldrikul ühe kihina jahtuda, seejärel aseta klaasnõusse ja kurna jahtunud õli kalale tagasi. Serveeri toatemperatuuril või jahutatult. Kala säilib külmkapis õliga kaetult umbes 2 nädalat.

KANA JA MUNAD

29.Kõige krõbedamad spatchcocked kana

KOOSTISOSAD:
- 4-kilone terve kana
- soola
- Ekstra neitsioliiviõli

JUHISED:
a) Päev enne, kui kavatsete kana küpsetada, lõigake see (või paluge oma lihunikul aidata!). Kasutage tugevaid köögikääre, et lõigata piki selgroo mõlemat külge (linnu alaosa) alla ja eemaldada. Võite alustada saba või kaela otsast, kuidas eelistate. Kui olete selgroo eemaldanud, reserveerige see laos. Eemaldage tiivaotsad ja reserveerige need ka varuks.
b) Laota kana lõikelauale, rinnapool ülespoole. Suruge rinnaluu alla, kuni kuulete kõhre hüppamist ja lind lamab. Maitsesta lind mõlemalt poolt heldelt soolaga. Asetage see rinnaga ülespoole madalasse röstimisnõusse ja külmkapis, kaaneta, üleöö.
c) Tõmmake lind külmkapist välja tund aega enne, kui kavatsete selle küpsetada. Kuumuta ahi temperatuurini 425 ° F, ahju ülemisse kolmandikku asetades rest.
d) Kuumuta 10- või 12-tolline malmpann või muu pann keskmisel-kõrgel kuumusel. Lisa nii palju oliiviõli, et see kataks panni põhja. Niipea, kui õli särab, asetage kana pannile, rinnapool all, ja pruunistage 6–8 minutit, kuni see on kuldne. See on hea, kui lind ei lama täiesti lamedalt seni, kuni rind on panniga kontaktis. Pöörake lind ümber (taas on hea, kui see ei ole täiesti tasane) ja lükake kogu malmpann ettevalmistatud restile ahju. Lükake pann lõpuni ahju tagaküljele nii, et panni käepide jääb vasakule.
e) Umbes 20 minuti pärast pöörake panni ettevaatlikult ahjukindaga 180 kraadi nii, et käepide jääks paremale, ja pange see tagasi ülemise resti taha.
f) Küpseta umbes 45 minutit, kuni kana on üleni pruun ja mahlad voolavad selgeks, kui lõikad sääre ja reie vahelt.
g) Enne nikerdamist laske 10 minutit puhata. Serveeri soojalt või toatemperatuuril.

30.Kuku Sabzi Pärsia ürt ja rohelised Omlett

KOOSTISOSAD:
- 2 kimp rohelist mangoldit, pestud
- 1 suur porrulauk
- Ekstra neitsioliiviõli
- soola
- 6 spl soolata võid
- 4 tassi peeneks hakitud koriandrilehti ja õrnaid varsi
- 2 tassi peeneks hakitud tillilehti ja õrnaid varsi
- 8-9 suurt muna

JUHISED:

a) Kuumuta ahi temperatuurini 350 °F, kui te ei soovi kuku küpsetamise ajjuurdeümber pöörata.
b) Riisutage mangoldi lehed. Haarake ühe käega iga varre põhjast, teise käega pigistage vart kokku ja tõmmake lehe eemaldamiseks ülespoole. Korrake ülejäänud mangoldiga, jättes alles varred.
c) Eemaldage porru juur ja ülemine toll, seejärel veerandige see pikisuunas. Lõika iga veerand 1/4-tollisteks viiludeks, asetage suurde kaussi ja peske mustuse eemaldamiseks põhjalikult. Tühjendage nii palju vett kui võimalik. Lõika mangoldi varred õhukesteks viiludeks, visates kõrvale kõik kõvad tükid. Lisa pestud porrule ja tõsta kõrvale.
d) Kuumutage 10- või 12-tollist malmist või mittenakkuvat panni õrnalt keskmisel kuumusel ja lisage nii palju oliiviõli, et katta panni põhi. Lisa mangoldilehed ja maitsesta rohke soolaga. Küpseta aeg-ajalt segades, kuni lehed on närbunud, 4–5 minutit. Eemaldage mangold pannilt, asetage kõrvale ja laske jahtuda.
e) Tõsta pann tagasi pliidile ja kuumuta keskmisel leegil ning lisa 3 spl võid. Kui või hakkab vahutama, lisa viilutatud porrulauk ja mangoldi varred koos näputäie soolaga. Küpseta kuni pehme ja poolläbipaistev, 15 kuni 20 minutit. Segage aeg-ajalt ja vajadusel lisage vett, vähendage leeki või katke kaanega või küpsetuspaberiga, et aur kinni hoida ja värvi ei tekiks.
f) Vahepejuurdepigistage keedetud mangoldi lehed kuivaks, visake vedelik välja ja tükeldage need jämedalt. Kombineerige suures kausis koriandri ja tilliga. Kui porru ja mangoldi varred on küpsed, lisa need rohelistele. Lase segul veidi jahtuda, seejärel sega kätega kõik ühtlaseks. Maitse ja maitsesta ohtralt soolaga, teades, et lisad segule hunniku mune.
g) Lisage ükshaavjuurdemunad, kuni segu on vaevu munaga seotud – võib-olla ei pea te kasutama kõiki 9 muna, olenevalt sellest, kui märjad teie rohelised olid ja kui suured on munad, kuid see peaks tunduma naeruväärne. roheliste kogus! Tavaliselt maitsen ja reguleerin segu sel hetkel soola järgi, aga kui toorest muna maitsta ei taha, võib kuku proovitükikese keeta ja vajadusel soola reguleerida.

h) Pühkige pann välja ja soojendage uuesti keskmisel-kõrgel kuumusel – see on oluline samm kuku kleepumise vältimiseks – ning lisage 3 supilusikatäit võid ja 2 spl oliivõli, seejärel segage segu. Kui või hakkab vahutama, paki kukusegu ettevaatlikult pannile.
i) Kuku ühtlaseks küpsemiseks tõmmake küpsemise esimestel minutitel kummist spaatliga segu servad tardudes õrnalt keskele. Pärast umbes 2 minuti möödumist alandage kuumust keskmisele ja laske kukul edasi küpseda ilma seda puudutamata. Teate, et pann on piisavalt kuum, kuni õli kuku külgedelt õrnalt mullitab.
j) Kuna see kuku on nii paks, võtab keskosa tardumine veidi aega. Siin on oluline mitte lasta koorikul kõrbeda enne, kui keskosa hangub. Kukut kummilabidaga tõstes piilu koorikut ja kui liiga vara hakkab pimedaks minema, vähenda kuumust. Pöörake panni veerand pööret iga 3 või 4 minuti järel, et tagada ühtlane pruunistumine.
k) Umbes 10 minuti pärast, kui segu on seatud nii, et see ei jookse enam ja põhi on kuldpruun, võtke kogu julgus kokku ja valmistuge kuku ümber pöörama. Esmalt kallutage võimalikult palju toidurasvast kaussi, et vältida enda põletamist, seejärel keerake kuku pitsapannile või küpsiseplaadi tagaküljele või teisele suurele praepannile. Lisage kuumale pannile 2 supilusikatäit oliivõli ja libistage kuku teise poole küpsetamiseks tagasi. Küpseta veel 10 minutit, pöörates panni iga 3 või 4 minuti järel.
l) Kui midagi läheb viltu, kui proovite ümber pöörata, ärge ehmuge! See on ainult lõunasöök. Lihtsalt tehke kõik endast oleneva, et kuku ümber pöörata, lisada pannile veel veidi õli ja viia see ühes tükis tagasi pannile.
m) Kui eelistate mitte ümber pöörata, libistage kogu pann ahju ja küpsetage, kuni keskosa on täielikult hangunud, umbes 10–12 minutit.
n) Kontrollige valmisolekut hambatikuga või raputage panni lihtsalt edasi-tagasi, otsides kuku ülaosas kerget värisemist. Kui see on valmis, kummuta see ettevaatlikult pannilt taldrikule. Pühkige liigne õli ära. Söö soojalt, toatemperatuuril või külmalt. Kuku teeb imelisi jääke!

31. Vürtsikas praetud kana

KOOSTISOSAD:

- 4 naela kana, lõigatud 10 tükiks või 3 naela kondiga, nahaga kana reied
- soola
- 2 suurt muna
- 2 tassi petipiima
- 1 spl kuuma kastet (minu lemmik on Valentina!)
- 3 tassi universaalset jahu
- 6–8 tassi viinamarjaseemne-, maapähkli- või rapsiõli praadimiseks, pluss 1/4 tassi vürtsika õli jaoks
- 2 spl Cayenne'i pipart
- 1 spl tumepruuni suhkrut
- 1/2 tl suitsupaprikat
- 1/2 tl röstitud köömneid, peeneks jahvatatud
- 1 küüslauguküüs, peeneks riivitud või näpuotsatäie soolaga pekstud

JUHISED:
a) Valmistage kana enne küpsetamist. Kui kasutate tervet kana, lõigake see 10 tükiks. Salvestage rümp oma järgmise partii kanaliha jaoks. Kui kasutad reied, eemalda need luudest ja lõika pooleks.
b) Maitsesta igast küljest ohtralt soolaga. Maitsestamise korrjuurdepane kana külmkappi rohkem kui tund ette; vastasel juhul jätke see letti.
c) Vahusta suures kausis munad, petipiim ja kuum kaste. Kõrvale panema. Vahusta teises kausis jahu ja 2 näpuotsatäis soola. Kõrvale panema.
d) Asetage lai sügav pann keskmisele kuumusele. Lisage õli 1 1/2 tolli sügavusele ja kuumutage temperatuurini 360 °F. Alustage kana süvendamisega, üks või kaks tükki korraga. Esmalt süvendage jahu ja raputage üleliigne maha, seejärel kastke petipiima, lastes üleliigsel kaussi tagasi tilkuda, seejärel naaske jahusegu juurde ja süvendage viimast korda. Raputa üleliigne maha ja aseta ahjuplaadile.
e) Prae kana kahes või kolmes ringis, lastes õli temperatuuril langeda kuni 325 °F ja hõljuda kana küpsemise ajal. Kasutage metallist tange, et kana aeg-ajalt keerata, kuni nahk on sügav kuldpruun, umbes 12 minutit (suurte tükkide puhul 16 minutit ja väikeste tükkide puhul 9 minutit). Kui te pole kindel, et liha on läbi küpsenud, torgake koorimisnoaga läbi koore ja piiluge liha. See peaks olema täielikult kondideni küpsenud ja liha eraldatud mahl peaks olema selge.
f) Kui liha on veel toores või mahljuurdeon vähimatki roosaka varjundit, pange kana tagasi õlisse ja jätkake küpsetamist, kuni see on valmis.
g) Lase ahjuplaadile asetatud restil jahtuda.
h) Kombineerige Cayenne'i pipar, pruun suhkur, paprika, köömned ja küüslauk väikeses kausis ning lisage 1/4 tassi õli. Pintselda kana vürtsika õliga ja serveeri kohe.

32.Kana potipirukas

KOOSTISOSAD:
TÄIDISEKS
- 4 naela kana või 3 naela kondiga, nahaga kana reied
- soola
- Ekstra neitsioliiviõli
- 3 supilusikatäit võid
- 2 keskmist kollast sibulat, kooritud ja tükeldatud 1/2-tollisteks tükkideks
- 2 suurt porgandit, kooritud ja tükeldatud 1/2-tollisteks tükkideks
- 2 suurt sellerivart, tükeldatud 1/2-tollisteks tükkideks
- 1/2 naela värskeid cremini-, nööbi- või kukeseeni, kärbitud ja neljaks lõigatud
- 2 loorberilehte
- 4 oksa värsket tüümiani
- Värskelt jahvatatud must pipar
- 3/4 tassi kuiva valget veini või kuiva šerrit
- 1/2 tassi koort
- 3 tassi kanapuljongit või vett
- 1/2 tassi jahu
- 1 tass herned, värsked või külmutatud
- 1/4 tassi peeneks hakitud peterselli lehti

KOORIKU EEST
- 1 retsept võist valmistatud pirukatainas, kuid jahutage tainas ühes tükis või 1/2 retseptiga heledaid ja helbeid petipiimaküpsiseid või 1 pakend poest ostetud lehttainast
- 1 suur muna, kergelt vahustatud

JUHISED:
a) Valmistage kana enne küpsetamist. Kui kasutate tervet kana, siis jagage see neljaks ja säilitage rümp järgmise kanapuljongi jaoks. Maitsesta ohtralt soolaga. Maitsestamise korrjuurdepane kana külmkappi rohkem kui tund ette; vastasel juhul jätke see letti.
b) Seadke suur Hollandi ahi või sarnane pott keskmisel-kõrgel kuumusel. Kui pann on kuum, lisa nii palju oliiviõli, et see kataks poti põhja. Kui õli sädeleb, aseta pannile pooled kanatükid, nahk allpool, ja pruunista ühtlaselt igast küljest, umbes 4 minutit mõlemalt poolt. Tõsta taldrikule ja korda ülejäänud kanaga.
c) Visake rasv ettevaatlikult ära ja asetage pott keskmisel kuumusel tagasi pliidile. Sulata või ja lisa sibul, porgand, seller, seened, loorberilehed ja tüümian. Maitsesta kergelt soola ja pipraga. Küpseta aeg-ajalt segades, kuni köögiviljad hakkavad värvi võtma ja pehmenema, umbes 12 minutit. Vala juurde vein või šerri ja deglaseeri pann puulusikaga.
d) Asetage pruunistatud kana köögiviljade hulka. Lisa koor ja kanapuljong või vesi ning tõsta kuumust kõrgeks. Kata pott kaanega ja kuumuta keemiseni, seejärel alanda keemiseni. Kui kasutate, eemaldage rinnad pärast 10-minutilist keetmist, kuid küpsetage tumedat liha kokku 30 minutit. Lülitage kuumus välja, viige keedetud kana taldrikule ja laske kastmel jahtuda. Visake loorberilehed ja tüümian ära. Kui kaste on mõne minuti seisnud ja rasv on kõrgele tõusnud, valage see vahukulbi või laia lusikaga vedelasse mõõtetopsi või väikesesse kaussi.
e) Eraldi väikeses kausis ühendage kahvliga 1/2 tassi kooritud rasva ja jahu paksuks pastaks. Kui kogu jahu on imendunud, sega hulka kulbitäis keeduvedelikku ja sega läbi. Valage see paks vedelik uuesti potti ja laske kogu kaste uuesti keema, seejärel alandage tasasel tulel ja keetke, kuni kaste enam toorjahu maitset ei tunne, umbes 5 minutit. Maitse ja maitsesta soola ja värskelt jahvatatud musta pipraga, seejärel tõsta tulelt.
f) Kuumuta ahi 400 °F-ni. Seadke ahjurest keskmisest kõrgele asendisse.
g) Kui kana on käsitsemiseks piisavalt jahe, tükelda liha ja haki nahk peeneks. Jäta luud varuks. Lisa potti tükeldatud kana ja nahk,

herned ja petersell. Sega segamiseks, maitse ja maitsesta vastavalt vajadusele. Tõsta tulelt.

h) Kui kasutate pirukataignat, rullige see 15x11-tolliseks ristkülikuks, mille paksus on umbes 1/8 tolli, ja lõigake tainasse vähemalt 4 tolli pikkused auruaugud. Kui kasutad küpsiseid, lõika välja 8 küpsist. Lehttaina kasutamisel sulatage ja rullige tainas õrnalt lahti, seejärel lõigake taignasse vähemalt 4-tollised auruavad.

i) Valage täidis 9 x 13-tollisse klaas- või keraamilisse pannile või madalale sarnase suurusega ahjuvormi. Asetage ettevalmistatud tainas või lehttainas täidisele ja lõigake tainas nii, et panni serva ümber jääks 1/2-tolline piir. Tõsta tainas enda alla tagasi ja sule. Kui tainas ise panni külge ei kleepu, kasutage kleepumise soodustamiseks veidi munapesu. Kui kasutate küpsiseid, asetage need õrnalt täidisesse nii, et need jääksid umbes kolmveerandi ulatuses nähtavale. Pintselda tainast, lehttainast või küpsiseid põhjalikult ja ohtralt munapesuga.

j) Aseta küpsetusplaadile ja küpseta 30–35 minutit, kuni tainas või küpsetis on kuldpruun ja täidis kihisev. Serveeri kuumalt.

33. Kana Confit

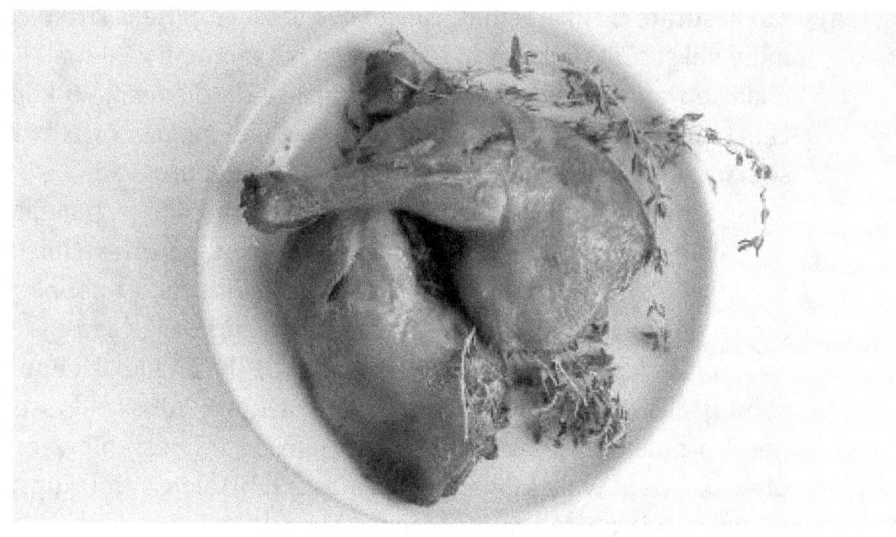

KOOSTISOSAD:
- 4 kanakoiba, reied küljes
- soola
- Värskelt jahvatatud must pipar
- 4 oksa värsket tüümiani
- 4 nelki
- 2 loorberilehte
- 3 küüslauguküünt, poolitatud
- Umbes 4 tassi pardi- või kanarasva või oliiviõli

JUHISED:

a) Valmista kana päev ette. Kasutage teravat noa, et lõigata nahk iga trummipulga ümber, vahetult hüppeliigese kohal. Lõigake ümberringi, kuni luuni, eemaldades kindlasti kõõlused. Maitsesta soola ja pipraga. Laota kihiti tüümiani, nelgi, loorberilehtede ja küüslauguga. Kata ja pane üleöö külmkappi.

b) Valmistamiseks eemaldage aromaatsed ained ja asetage jalad ühe kihina suurde Hollandi ahju või potti. Pardi- või kanarasva kasutamisel soojendage keskmises kastrulis õrnalt, kuni see vedeldub. Valage Hollandi ahju või potti nii palju rasva, et liha upuks, ja seejärel kuumutage keskmisel leegil, kuni kanast ilmuvad esimesed mullid. Vähendage kuumust, et rasv ei ületaks kunagi vähimatki keetmist. Küpseta, kuni liha on luude juurest pehme, umbes 2 tundi.

c) (Teise võimalusena võite küpsetada kogu ahjus umbes 200 °F juures. Kasutage samu näpunäiteid, mis juhinduvad pliidiplaadil keetmisest.)

d) Kui liha on küpsenud, keera kuumus maha ja lase veidi aega rasvas jahtuda. Metallist tangide abil eemalda kana ettevaatlikult rasvast. Haarake luust pahkluu otsast, et vältida naha rebenemist.

e) Laske lihjuurdeja rasvjuurdejahtuda, seejärel asetage kana klaas- või keraamilisse nõusse, kurnake rasv üle, veendudes, et see on täielikult vee all. Katke kaanega. Hoida külmkapis kuni 6 kuud.

f) Serveerimiseks eemalda kana rasvast, kraapides üleliigne. Kuumuta malmpann keskmisel leegil ja aseta pannile kana, nahk allapoole. Nagu konveierlintkana puhul, kasutage rasva muutmiseks ja naha krõbedaks muutmiseks teise fooliumisse mähitud malmpanni raskust. Asetage pann kana peale ja kuumutage õrnalt, et nahk oleks krõbedaks sama kiirusega kui liha kuumeneb. Kui hakkate kuulma särisemise asemel särisemist, pöörake lihale rohkem tähelepanu, et see ei kõrbeks. Kui nahk on pruunistunud, keerake kana ümber ja jätkake jala soojendamist teisel küljel ilma raskuseta. Kogu protsess võtab aega umbes 15 minutit.

g) Serveeri kohe.

34. Finger-lickin' Pan-Praetud kana

KOOSTISOSAD:
- 6 kondita, nahata kanarinda
- 1 1/2 tassi peent valge leivapuru, eelistatavalt omatehtud või pankot
- 3/4 untsi parmesani, peeneks riivitud (umbes 1/4 tassi)
- 1 tass jahu, maitsestatud suure näpuotsatäie soola ja näpuotsatäie Cayenne'iga
- 3 suurt muna, näpuotsatäie soolaga lahtiklopitud
- 1 3/4 tassi selitatud võid, valmistatud 1 naelast võist

JUHISED:
a) Vooderda üks ahjuplaat küpsetuspaberiga ja teine paberrätikutega.
b) Kui õrnad on endiselt rindade küljes, eemaldage need. Kasutage teravat nuga, et eemaldada iga rinna alaosa ülaosast hõbedane nahk või sidekude.
c) Asetage üks kanarind, mille alumine külg on ülespoole, lõikelauale. Hõõru kilekoti ühte külge kergelt oliiviõliga ja aseta, õlipool allapoole, rinna peale. Pekske rinna alumine osa köögivasaraga (või selle puudumisel kasutage tühja klaaspurki), kuni see on ühtlaselt umbes 1/2 tolli paksune. Korrake ülejäänud rindadega.
d) Maitsestage rinnatükid ja serveeringud kergelt soolaga ning seadke sisse paneerimisjaam. Seadke üles kolm suurt madalat kaussi või röstimisnõu, millest igaühes on maitsestatud jahu, lahtiklopitud munad ja leivapuru. Sega Parmesan riivsaia hulka.
e) Töötades nagu Henry Ford, määrige kõik rinnad ja tükid esmalt jahuga, seejärel raputage üleliigne maha. Seejärel kasta ja määri need kõik munaga ning raputa üleliigne maha. Lõpuks määri tükid riivsaiaga ja tõsta küpsetuspaberiga kaetud ahjuplaadile.
f) Seadke 10- või 12-tolline malmpann (või muu praepann) keskmisel kõrgel kuumusel ja lisage nii palju selitatud võid, et see jääks panni külgedest 1/4 tolli kõrgemale. Kui rasv läigib, lisa paar riivsaia, et kontrollida rasva temperatuuri. Niipea, kui need kergelt särisevad, asetage pannile ühe kihina nii palju kanarinda, kui mahub. Paneeringu ühtlase küpsemise tagamiseks peaks iga rindade vahele jääma ruumi ja rasv peaks olema kana külgedel vähemalt poole peal.
g) Küpseta rindu keskmisel kõrgel kuumusel kuldpruuniks 3–4 minutit, seejärel keerake ja pöörake. Küpseta, kuni teine pool on ühtlaselt pruun, eemalda pannilt ja nõruta paberrätikutega vooderdatud lehel. (Kui te pole kindel, et liha on läbi küpsenud, torgake paneeringust koorimisnoaga läbi ja kontrollige.
h) Tõsta pannile tagasi ja küpseta kauem, kui näed roosat viljaliha.) Lisa pannile vastavalt vajadusele veel selitatud võid ja küpseta ülejäänud rinnatükid ja pannid samjuurdeviisil.
i) Puista kergelt soolaga ja serveeri kohe.

35.Salvei- ja meega suitsutatud kana

KOOSTISOSAD:
- 1 1/3 tassi mett
- 1 hunnik salvei
- 1 pea küüslauk, poolitatud risti
- 3/4 tassi (4 1/4 untsi) koššersoola või 1/2 tassi peent meresoola
- 1 supilusikatäis musta pipra tera
- 4-kilone kana
- 2 tassi õunapuulaastu

JUHISED:
a) Päev enne, kui soovite kana küpsetada, valmistage soolvesi. Kuumuta suures potis 1 liiter vett koos 1 tassi mee, salvei, küüslaugu, soola ja piprateradega keemiseni. Lisage 2 liitrit külma vett. Laske soolveel jahtuda toatemperatuurini. Kastke kana soolveesse, rinnapool allpool, ja hoidke üleöö külmkapis.
b) Kana küpsetamiseks eemaldage see soolveest ja kuivatage. Kurna soolvesi läbi sõela ja täida kana õõnsus soolvees küüslaugu ja salveiga. Voldi tiivaotsad üles ja üle linnu selja. Seo kanakoivad kokku. Laske linnul soojeneda toatemperatuurini.
c) Leota puitlaastud 1 tund vees, seejärel nõruta. Valmistage ette grillimiseks kaudsel kuumusel.
d) Söegrillil suitsutamiseks süüdake söed korstnakäivitis. Kui söed hõõguvad punaselt ja on kaetud halli tuhaga, visake need ettevaatlikult kahte hunnikusse grilli vastaskülgedel. Asetage ühekordselt kasutatav alumiiniumpann grilli keskele. Suitsu tekitamiseks viska igale söehunnikule 1/2 tassi hakkepuitu. Asetage rest grillile ja asetage kana, rinnapool ülespoole, tilgapanni kohale.
e) Katke grill ventilatsiooniavadega, mis on asetatud liha kohale. Avage õhutusavad poolenisti. Kasutage digitaalset termomeetrit, mis aitab teil hoida temperatuuri 200–225 °F, täiendades vajaduse korrjuurdepuusütt ja puitu. Kui jala keskele sisestatud kiirloetav termomeeter registreerib temperatuuri 130 °F, pintseldage ülejäänud 1/3 tassi mett üle kogu naha. Asetage grilli kaas tagasi ja jätkake küpsetamist, kuni termomeeter sääre keskele asetades registreerib temperatuuri 160 °F, mis on veel umbes 35 minutit.

Eemaldage kana grillilt ja laske enne nikerdamist 10 minutit puhata.

f) Naha krõbedaks muutmiseks enne serveerimist kuumutage söed, kuni need on väga kuumad, või pange grilli ühel küljel põletid väga kõrgele. Viige kana tagasi kaudse kuumuse tsooni ja katke grill. Küpseta 5–10 minutit, kuni see on krõbe.

g) Gaasigrilli kohjuurdesuitsetamiseks täitke suitsuahju kast hakkepuiduga ja süütage sellele lähim põleti kõrgel, kuni näete suitsu. Kui teie grillil ei ole suitsukasti, asetage laastud tugevasse fooliumisse ja voldige kotti. Torka kotti mõned augud ja aseta resti alla ühe põleti kohale. Kuumuta kõrgel kuumusel, kuni näete suitsu. Kui krõpsud suitsevad, vähendage leeki, langetage kate ja eelsoojendage grill temperatuurini 250 °F. Hoidke seda temperatuuri kogu toiduvalmistamise ajal.

h) Asetage kana, rinnaga ülespoole, süütamata põletitele – see on kaudne kuumutusala – ja küpseta 2–2,5 tundi. Kui jala keskele sisestatud kiirloetav termomeeter registreerib temperatuuri 130 °F, pintseldage ülejäänud 1/3 tassi mett üle kogu naha. Asetage grilli kaas tagasi ja jätkake küpsetamist, kuni termomeeter sääre keskele sisestamisel registreerib 160 °F, mis on veel umbes 35 minutit. Eemaldage kana grillilt ja laske enne nikerdamist 10 minutit puhata.

i) Naha krõbedaks muutmiseks enne serveerimist kuumutage söed, kuni need on väga kuumad, või pange grilli ühel küljel põletid väga kõrgele. Viige kana tagasi kaudse kuumuse tsooni ja katke grill. Küpseta 5–10 minutit, kuni see on krõbe.

j) Serveerimiseks lõigake kana neljandikku – see sobib suurepäraselt Fried Sage Roheline kaste'ga – või tükeldage liha, et valmistada võileibadeks rebitud kana.

36.Kana ja küüslaugusupp

KOOSTISOSAD:

- 4-naeline kana, neljandikku; või 4 suurt kanakoiba ja -kintsu
- soola
- Värskelt jahvatatud pipar
- Ekstra neitsioliiviõli
- 2 keskmist kollast sibulat, tükeldatud (umbes 3 tassi)
- 3 suurt porgandit, kooritud ja tükeldatud (umbes 1 1/4 tassi)
- 3 suurt sellerivart, tükeldatud (umbes 1 tass)
- 2 loorberilehte
- 10 tassi kanapuljongit
- 20 küüslauguküünt, õhukeselt viilutatud
- Valikuline: parmesani koor

JUHISED:

a) Valmistage kana enne küpsetamist. Kui kasutate tervet lindu, jagage see neljaks ja säilitage rümp järgmise kanalihapartii jaoks. Maitsesta ohtralt soola ja värskelt jahvatatud musta pipraga. Maitsestamise korrjuurdepane kana külmkappi rohkem kui tund ette; vastasel juhul jätke see letti.

b) Kuumuta 8-liitrine Hollandi ahi või sarnane pott kõrgel kuumusel. Lisa nii palju oliiviõli, et see kataks poti põhja. Kui õli sädeleb, lisa pooled kanatükid ja pruunista korralikult, umbes 4 minutit mõlemalt poolt. Eemaldage ja asetage kõrvale. Korrake ülejäänud kanaga.

c) Tõstke suurem osa rasvast ettevaatlikult pannilt välja. Tõsta pann tagasi pliidile ja alanda kuumust keskmisele-madalale. Lisa sibul, porgand, seller ja loorberilehed ning küpseta, kuni need on pehmed ja kuldpruunid, umbes 12 minutit. Pange kana potti tagasi ja lisage 10 tassi puljongit või vett, soola, pipart ja parmesani koort, kui kasutate. Kuumuta keemiseni, seejärel alanda keemiseni.

d) Kuumuta väike pann keskmisel kuumusel ja lisa nii palju oliiviõli, et see kataks põhja, seejärel lisa küüslauk. Suruge küüslauku õrnalt umbes 20 sekundit, kuni see lõhnab, kuid ärge laske sellel mingit värvi omandada. Lisa see supile ja jätka keetmist.

e) Kui kasutate rindu, eemaldage need 12 minuti pärast potist ja jätkake säärte ja reite keetmist, kuni need on pehmed, kokku umbes 50 minutit. Keera kuumus maha ja eemalda puljongi pinnalt rasv. Eemaldage kogu kana supist. Kui kana on käsitsemiseks piisavalt jahe, eemalda liha luust ja tükelda.

f) Soovi korrjuurdevisake nahk ära (kuigi mulle meeldib seda peeneks hakkida ja ka kasutada) ja pange liha uuesti puljongisse. Maitse suppi ja kohanda vastavalt vajadusele soola. Serveeri kuumalt.

g) Külmkapis, kaanega, kuni 5 päeva või sügavkülmas kuni 2 kuud.

37. Adas Polo o Morghi kana läätseriisiga

KOOSTISOSAD:
- 4-naeline kana; või 8 kondiga, nahaga reied
- soola
- 1 tl pluss 1 spl jahvatatud köömneid
- Ekstra neitsioliiviõli
- 3 supilusikatäit soolata võid
- 2 keskmist kollast sibulat, õhukeselt viilutatud
- 2 loorberilehte
- Väike näputäis safranilõngu
- 2 1/2 tassi basmati riisi, loputamata
- 1 tass musti või kuldseid rosinaid
- 6 Medjooli datlit, kivideta ja neljandikku
- 4 1/2 tassi kanapuljongit või vett
- 1 1/2 tassi keedetud, nõrutatud pruune või rohelisi läätsi (umbes 3/4 tassi toorelt)

JUHISED:

a) Valmistage kana enne küpsetamist. Kui kasutate tervet lindu, jagage see neljaks ja säilitage rümp järgmise kanalihapartii jaoks. Maitsesta igast küljest ohtralt soola ja 1 tl köömnetega. Maitsestamise korrjuurdepane kana külmkappi rohkem kui tund ette; vastasel juhul jätke see letti.

b) Keerake suure Hollandi ahju või sarnase poti kaas kummipaelaga käepideme külge kinnitatud rätikuga. See imab auru endasse ja hoiab ära selle kondenseerumise ja kanale tagasi tilkumise, mis muudaks naha märjaks.

c) Seadke Hollandi ahi keskmiselt kõrgele kuumusele ja lisage panni põhja katmiseks oliiviõli. Pruunista kana kahes osas, et mitte pannil tungleda. Alustage nahaga allapoole, seejärel pöörake ja pöörake kana ümber panni, et mõlemalt poolt ühtlaselt pruunistuks, umbes 4 minutit mõlemalt poolt. Eemalda pannilt ja tõsta kõrvale. Visake rasv ettevaatlikult ära.

d) Pane pann tagasi keskmisele kuumusele ja sulata või. Lisa sibul, köömned, loorberilehed, safran ja näputäis soola ning küpseta segades umbes 25 minutit pruuniks ja pehmeks.

e) Tõsta kuumus keskmisele kõrgele ja lisa pannile riis ning rösti segades, kuni see muutub helekuldseks. Lisa rosinad ja datlid ning lase neil minut aega praadida, kuni need hakkavad täidlane.

f) Vala puljong ja läätsed, tõsta kuumust kõrgele ja kuumuta keemiseni. Maitsesta ohtralt soola ja maitsega. Riisi õigeks maitsestamiseks muutke vedelik piisavalt soolaseks, et tekiks veidi ebamugavustunne – see peaks olema soolasem kui kõige soolasem supp, mida olete kunagi maitsnud. Vähenda kuumust ja pesitse kana sisse, nahk üleval. Kata pann kaanega ja küpseta madaljuurdekuumusel 40 minutit.

g) 40 minuti pärast lülitage kuumus välja ja laske pannil aurutamise jätkamiseks kaane all 10 minutit seista. Eemalda kaas ja aja riis kahvliga kohevaks. Serveeri kohe koos Pärsia ürdi- ja kurgijogurtiga.

38. Kana äädikaga

KOOSTISOSAD:
- 4-kilone kana
- soola
- Värskelt jahvatatud must pipar
- 1/2 tassi universaalset jahu
- Ekstra neitsioliiviõli
- 3 supilusikatäit soolata võid
- 2 keskmist kollast sibulat, õhukeselt viilutatud
- 3/4 tassi kuiva valget veini
- 6 spl valge veini äädikat
- 2 spl estragoni lehti, peeneks hakitud
- 1/2 tassi rasket koort või crème fraîche'i

JUHISED:
a) Valmistage kana enne küpsetamist. Lõika lind 8 tükiks ja säilita rümp järgmise kanalihapartii jaoks. Maitsesta ohtralt soola ja värskelt jahvatatud musta pipraga. Maitsestamise korrjuurdepane kana külmkappi rohkem kui tund ette; vastasel juhul jätke see letti.
b) Aseta jahu madalasse kaussi või pirukataldrikusse ja maitsesta näpuotsatäie soolaga. Kastke kanatükid jahusse, raputage üleliigne maha ja laotage ühe kihina restile või pärgamendiga kaetud ahjuplaadile.
c) Asetage suur pann või hollandi ahi keskmisel-kõrgel kuumusel ja lisage nii palju oliiviõli, et pann oleks kaetud. Pruunista kana kahes osas, et mitte pannil tungleda. Alustage nahaga allapoole, seejärel pöörake ja pöörake kana ümber panni, et mõlemalt poolt ühtlaselt pruunistuks, umbes 4 minutit mõlemalt poolt. Asetage pruunistatud kana küpsetusplaadile, visake rasv ettevaatlikult välja ja pühkige pann välja.
d) Pane pann tagasi keskmisele kuumusele ja sulata või. Lisa sibulad, maitsesta soolaga ja sega läbi. Küpseta sibulaid aeg-ajalt segades, kuni need on pehmed ja pruunid, umbes 25 minutit.
e) Tõstke leek kõrgeks, lisage vein ja äädikas ning kraapige pannil puulusikaga glasuurimiseks. Lisa pool estragonist ja sega läbi. Tõsta kana, nahk üleval, pannile ja alanda kuumust, et keeda. Tõsta pannile kaas pärani ja jätka haudumist. Eemaldage rinnad, kui need on küpsenud, umbes 12 minuti pärast, kuid laske tumedjuurdelihjuurdeedasi küpseda, kuni see on luust pehme, kokku 35–40 minutit.
f) Tõsta kana vaagnale, tõsta kuumust ja lisa koor või crème fraîche. Lase kastmel keema tõusta ja pakseneb. Maitse ja maitsesta kastme maitsestamiseks vajadusel soola, pipra ja veel veidi äädikat. Lisa ülejäänud estragon ja tõsta serveerimiseks lusikaga kana peale.

39.Glasuuritud viievürtsiline kana

KOOSTISOSAD:
- 4-naeline kana või 8 kondiga, nahaga kana reied
- soola
- 1/4 tassi sojakastet
- 1/4 tassi tumepruuni suhkrut
- 1/4 tassi mirin (riisivein)
- 1 tl röstitud seesamiõli
- 1 spl peeneks riivitud ingverit
- 4 küüslauguküünt, peeneks riivitud või näpuotsatäie soolaga pekstud
- 1/2 tl Hiina viie vürtsi pulbrit
- 1/4 tl Cayenne'i pipart
- 1/4 tassi jämedalt hakitud koriandri lehti ja õrnaid varsi
- 4 talisibulat, rohelised ja valged osad viilutatud

JUHISED:

a) Valmistage kana eelmisel päevjuurdeenne küpsetamist. Kui kasutate tervet kana, lõigake lind 8 tükiks ja säilitage rümp järgmise kanalihapartii jaoks. Maitsesta kana kergelt soolaga ja lase 30 minutit seista. Pidage meeles, et marinaad koosneb peamiselt sojakastmest, mis on soolane, seega kasutage ainult poole vähem soola kui muidu.

b) Vahepejuurdevahustage kokku sojakaste, pruun suhkur, mirin, seesamiõli, ingver, küüslauk, viievürts ja Cayenne. Aseta kana suletavasse kilekotti ja vala marinaad. Sulgege kott ja pigistage marinaad ümber, et kogu kana oleks ühtlaselt kaetud. Tõsta üleöö külmkappi.

c) Mõni tund enne kana küpsetamist tõmmake see külmkapist välja, et see soojeneks toatemperatuuril. Kuumuta ahi 400 °F-ni.

d) Küpsetamiseks asetage kana madalasse 8 x 13-tollisse röstimisnõusse, nahk ülespoole, ja seejärel valage marinaad lihale. Marinaad peaks katma ohtralt panni põhja. Kui ei, lisa 2 supilusikatäit vett, et tagada ühtlane katvus ja vältida põletamist. Lükake ahju ja pöörake panni iga 10–12 minuti järel.

e) Kui kasutate, eemaldage rinnad pärast 20-minutilist küpsetamist, et vältida üleküpsemist. Jätkake tumeda liha küpsetamist veel 20–25 minutit, kuni see on luust pehme ehk kokku 45 minutit.

f) Kui tume liha on küpsenud, pange rinnatükid tagasi pannile ja keerake ahi 450 °F-ni, et kaste väheneks ja nahk muutuks tumepruuniks ja krõbedaks, umbes 12 minutit. Pintselda kanu pannilt võetud marinaadiga iga 3–4 minuti järel, et need glasuuriks.

g) Serveeri soojalt, kaunistatuna koriandri ja viilutatud talisibulaga.

h) Katke ja hoidke ülejäägid kuni 3 päeva külmkapis.

40. Petipiimaga marineeritud röstitud kana

KOOSTISOSAD:
- 3 1/2- kuni 4-naelist kana
- soola
- 2 tassi petipiima

JUHISED:

a) Päev enne kana küpsetamist eemaldage tiivaotsad, lõigates linnukääride või terava noaga läbi esimese tiiva ühenduskoha. Reserveeri laos. Maitsesta ohtralt soolaga ja lase 30 minutit seista.
b) Segage petipiima lahustumiseks 2 supilusikatäit koššersoola või 4 tl peent meresoola. Asetage kana gallonisuurusesse suletavasse kilekotti ja valage sisse petipiim. Kui kana gallonisuurusesse kotti ei mahu, kahekordistage kaks kilekotti, et vältida lekkimist ja siduge kott nööriga.
c) Sulgege see, pigistage petipiim ümber kana, asetage ääristatud taldrikule ja jahutage. Kui olete nii valmis, võite järgmise 24 tunni jooksul kotti pöörata nii, et kõik kana osad marineeritakse, kuid see pole oluline.
d) Tõmmake kana külmikust tund aega enne küpsetamise plaanimist. Kuumuta ahi temperatuurini 425 ° F, kui rest on seatud keskmisesse asendisse.
e) Eemaldage kana kilekotist ja kraapige maha nii palju petipiima, kui saate, ilma et oleksite obsessiivne. Seo kana jalad lihunööriga tihedalt kokku. Asetage kana 10-tollisele malmist pannile või madalale röstimispannile.
f) Lükake pann lõpuni ahju tagaküljele keskmisele restile. Pöörake panni nii, et jalad oleksid suunatud vasaku tagumise nurga poole ja rinnatükk ahju keskosa poole (taganurgad kipuvad olema ahju kuumimad kohad, nii et selline asend kaitseb rinda enne jalgu üleküpsemise eest on tehtud). Üsna kiiresti peaksite kuulma kana särisemist.
g) Umbes 20 minuti pärast, kui kana hakkab pruunistuma, vähendage kuumust 400 °F-ni ja jätkake röstimist 10 minutit ning seejärel liigutage panni nii, et jalad oleksid ahju parema tagumise nurga poole.
h) Jätkake küpsetamist veel umbes 30 minutit, kuni kana on üleni pruun ja mahl on selge, kui pistate noa luudeni sääre ja reie vahele.
i) Kui kana on valmis, tõsta see vaagnale ja lase enne nikerdamist ja serveerimist 10 minutit seista.

41.Sitsiilia kana salat

KOOSTISOSAD:
- 1/2 keskmist punast sibulat, tükeldatud
- 1/4 tassi punase veini äädikat
- 1/2 tassi sõstraid
- 5 tassi hakitud röstitud või pošeeritud kanaliha (umbes 1 praekanast)
- 1 tass jäika Aïoli
- 1 tl peeneks riivitud sidrunikoort
- 2 spl sidrunimahla
- 3 supilusikatäit peeneks hakitud peterselli lehti
- 1/2 tassi piiniaseemneid, kergelt röstitud
- 2 väikest sellerivart, tükeldatud
- 1/2 keskmist apteegitilli sibulat, tükeldatud (umbes 1/2 tassi)
- 2 tl jahvatatud apteegitilli seemet
- soola

JUHISED:
a) Sega väikeses kausis sibul ja äädikas ning lase seista 15 minutit leotamiseks.
b) Kasta sõstrad eraldi väikeses kausis keevasse vette. Laske neil 15 minutit seista, et nad taastuksid ja täituksid. Nõruta ja pane suurde kaussi.
c) Lisage sõstardele kana, aïoli, sidrunikoor, sidrunimahl, petersell, piiniapähklid, seller, apteegitilli sibul, apteegitilliseemned ja kaks näpuotsatäis soola ning segage. Sega juurde leotatud sibul (kuid mitte nende äädikat) ja maitse. Reguleerige soola ja lisage vajadusel äädikat.
d) Serveeri röstitud koorega leivaviiludel või Rooma või Little Gem salati lehtedesse mähituna.

LIHA

42.Vürtsikas soolvees kalkuni rinnatükk

KOOSTISOSAD:

- 3/4 tassi koššersoola või 1/2 tassi (4 1/4 untsi) peent meresoola
- 1/3 tassi suhkrut
- 1 küüslaugu pea, poolitatud risti
- 1 tl musta pipra tera
- 2 spl punase pipra helbeid
- 1/2 tl jahvatatud Cayenne'i pipart
- 1 sidrun
- 6 loorberilehte
- 1 kondita nahaga kalkuni poolrind, umbes 3 1/2 naela
- Ekstra neitsioliiviõli

JUHISED:
a) Asetage sool, suhkur, küüslauk, teraviljad, piprahelbed ja Cayenne suurde potti 4 tassi veega. Eemalda sidrunikoor köögiviljakoorijaga, seejärel poolita sidrun. Pigista potti mahl, seejärel lisa sidrunipoolikud ja koor. Kuumuta keemiseni, seejärel alanda aeg-ajalt segades keemiseni. Kui sool ja suhkur on lahustunud, tõsta tulelt ja lisa 8 kl külma vett. Laske soolveel jahtuda toatemperatuurini. Kui kalkuniliha – pikk valge liha riba rinna alumisel küljel – on endiselt küljes, eemaldage see ära, tõmmates selle ära. Kastke kalkunirind ja pehmendage soolvees ning jahutage üleöö või kuni 24 tundi.
b) Kaks tundi enne küpsetamist eemaldage rinnatükk ja pehmendage, kui kasutate, soolveest ning laske toatemperatuuril seista.
c) Kuumuta ahi temperatuurini 425 ° F. Aseta suur malmpann või muu ahjukindel pann pliidile kõrgele kuumusele. Kui see on kuum, lisage supilusikatäis oliiviõli, seejärel asetage rinnatükk pannile, nahk allpool. Vähendage leeki keskmisele kõrgele ja pruunistage rinda 4–5 minutit, kuni nahk hakkab veidi värvi võtma. Pöörake tangidega rinda nii, et see oleks nahaga ülespoole, asetage pehme pannile rinna kõrvale ja lükake pann ahju, lükates seda nii kaugele kui võimalik. See on ahju kuumim koht ja see esialgne kuumus tagab kalkuni kauni pruunistumise.
d) Eemaldage tainas pannilt, kui see näitab kiirloetava termomeetri kõige paksemas kohas, umbes 12 minuti jooksul, temperatuur 150 °F.
e) Kontrollige ka sel ajjuurderinna temperatuuri mõnes erinevas kohas, et saaksite aru, kus see asub. Jätkake rinna küpsetamist veel 12 kuni 18 minutit, kuni see registreerib kõige paksemas kohas 150 ° F. (Sisetemperatuur hakkab kiiresti tõusma, kui see jõuab 130 °F-ni, nii et ärge liikuge ahjust liiga kaugele ja kontrollige rinda iga paari minuti järel.) Eemaldage see ahjust ja pannilt ning laske sellel puhata. vähemalt 10 minutit enne viilutamist.

Serveerimiseks viilutage tera vastu (ristisuunas).

43. Tšilliga hautatud sealiha

KOOSTISOSAD:
- 4 naela kondita sea abatükk (mõnikord nimetatakse sealiha tagumikku)
- soola
- 1 küüslaugu pea
- Neutraalse maitsega õli
- 2 keskmist kollast sibulat, viilutatud
- 2 tassi purustatud tomateid oma mahlas, värskelt või konserveeritud
- 2 spl köömneid (või 1 spl jahvatatud köömneid)
- 2 loorberilehte
- 8 kuivatatud tšillit, nagu Guajillo, New Mexico, Anaheim või ancho, varred, seemned ja loputus
- Valikuline: suitsususe lisamiseks lisage hautisele 1 sl suitsupaprikat või 2 suitsupaprikat, nagu Chipotle Morita või Pasilla de Oaxaca
- 2 kuni 3 tassi laager või pilsner õlut
- 1/2 tassi jämedalt hakitud koriandrit kaunistuseks

JUHISED:
a) Päev enne küpsetamise plaani maitsestage sealiha ohtralt soolaga. Katke ja jahutage.
b) Kui olete küpsetamiseks valmis, soojendage ahi temperatuurini 325 ° F. Eemaldage küüslaugu peast kõik juured, seejärel lõigake see risti pooleks. (Ärge muretsege hautatud nahkade lisamise pärast – need kurnavad lõpuks välja. Kui te mind ei usalda, siis koorige terve küüslaugupea – ma lihtsalt üritan teid säästa aega ja vaeva.)
c) Seadke suur ahjukindel Hollandi ahi või sarnane pott keskmisel-kõrgel kuumusel. Kui see on soe, lisa 1 spl õli. Kui õli sädeleb, aseta sealiha potti. Pruunista seda ühtlaselt igast küljest, umbes 3–4 minutit mõlemalt poolt.
d) Kui liha on pruun, eemaldage see ja asetage see kõrvale. Kallake potist ettevaatlikult nii palju rasva kui võimalik, seejärel pange see pliidile tagasi. Alandage kuumust keskmisele ja lisage 1 spl neutraalset õli. Lisa sibul ja küüslauk ning küpseta aeg-ajalt

segades, kuni sibul on pehme ja kergelt pruunistunud, umbes 15 minutit.

e) Lisa potti tomatid ja mahl, köömned, loorberilehed, kuivatatud tšilli ja suitsutatud paprika või paprika, kui kasutad, ning sega läbi. Asetage sealiha aromaatse põhja peale ja lisage nii palju õlut, et see ulatuks liha külgedelt 1 1/2 tolli kõrgemale. Jälgi, et paprika ja loorberilehed oleksid enamasti mahla sisse kastetud, et need ära ei kõrbeks.

f) Tõsta kuumust ja lase pliidil keema tõusta, seejärel lükka pott ilma kaaneta ahju. 30 minuti pärast kontrollige, kas vedelik on vaevu keemas. Umbes iga 30 minuti järel keerake sealiha ümber ja kontrollige vedeliku taset. Vajadusel lisage rohkem õlut, et hoida vedelikku 1 1/2 tolli sügavusel. Küpseta, kuni liha on pehme ja laguneb kahvli puudutamisel, 3 1/2 kuni 4 tundi.

g) Eemaldage küpsenud sealiha ahjust ja eemaldage see ettevaatlikult pannilt. Visake loorberilehed ära, kuid ärge muretsege küüslaugu väljapüügi pärast, sest sõel püüab nahad kinni. Püreesta aromaatsed ained köögiveski, blenderi või köögikombaini abil ja kurna läbi sõela. Visake kuivained ära.

h) Eemalda kastmelt rasv ja seejärel maitse, vajadusel lisa soola.

i) Sel hetkel võite liha tükeldada ja kombineerida kastmega sealiha taco valmistamiseks või viilutada ja lusikaga sealihale kastmega serveerida. Kaunista hakitud koriandriga ja serveeri happelise maitseainega, näiteks Mehhiko kreemiga, Mehhiko ürdisalsaga või lihtsalt pigistatava laimiga.

j) Katke ja hoidke ülejäägid kuni 5 päeva külmkapis. Hautatud liha külmub erakordselt hästi. Kastke lihtsalt keeduvedelikku, katke kinni ja külmutage kuni 2 kuud. Serveerimiseks tõsta hautatud veepritsiga pliidil keema.

44. Kufte Kebab

KOOSTISOSAD:
- 1 suur näputäis safranit
- 1 suur kollane sibul, jämedalt riivitud
- 1 1/2 naela jahvatatud lambaliha (eelistatavalt abaliha)
- 3 küüslauguküünt, peeneks riivitud või näpuotsatäie soolaga pekstud
- 1 1/2 tl jahvatatud kurkumit
- 6 supilusikatäit väga peeneks hakitud peterselli, piparmünti ja/või koriandrit mis tahes kombinatsioonis
- Värskelt jahvatatud must pipar
- soola

JUHISED:
a) Kasutage safranit safranitee valmistamiseks. Suruge sibul läbi sõela, suruge võimalikult palju vedelikku välja ja visake vedelik välja.
b) Asetage safranitee, sibul, lambaliha, küüslauk, kurkum, ürdid ja näputäis musta pipart suurde kaussi. Lisa kolm näpuotsatäis soola ja sõtku kätega segu kokku. Teie käed on siin väärtuslikud tööriistad; kehasoojus sulatab veidi rasva, mis aitab segul kokku kleepuda ja annab vähem murenevaid kebabisid. Küpseta väike tükk segust pannil ja maitsesta soola ja muude maitseainetega. Reguleeri vastavalt vajadusele ja vajadusel küpseta teine tükk ja maitse uuesti.
c) Kui segu on teie maitse järgi maitsestatud, niisutage käsi ja alustage piklike kolmepoolsete lihapallide moodustamist, keerates sõrmed õrnalt 2 supilusikatäie segu ümber. Laota väikesed torpeedod pärgamendiga kaetud ahjuplaadile.
d) Küpsetamiseks grillige kebabi kuumadel sütel, kuni need on väljast meeldivalt söestunud ja vaevu küpsed, umbes 6–8 minuti jooksul. Pöörake neid sageli, kui nad hakkavad pruunistuma, et anda neile ühtlane koorik. Kui kebab on valmis, peaksid need olema katsudes kõvad, kuid pigistades peaksid kebabid keskele veidi jääma. Kui te pole kindel, kas need on valmis, lõigake üks lahti ja kontrollige – kas sellel on peenraha läbimõõt roosat, mida ümbritseb pruun rõngas, on see tehtud!
e) Siseruumides küpsetamiseks seadke malmist pann kõrgele kuumusele, lisage nii palju oliiviõli, et see kataks panni põhja, ja küpseta 6–8 minutit, pöörates mõlemalt poolt vaid korra.
f) Serveeri kohe või toatemperatuuril koos Pärsia riisi ja Pärsia ürdijogurtiga või hakitud porgandisalatiga ingveri ja laimi ning Charmoulaga.

KASTMED

45. Põhiline Roheline kaste

KOOSTISOSAD:
- 3 supilusikatäit peeneks hakitud šalottsibul (umbes 1 keskmine šalottsibul)
- 3 spl punase veini äädikat
- 1/4 tassi väga peeneks hakitud petersellilehti
- 1/4 tassi ekstra neitsioliiviõli
- soola

JUHISED:
a) Segage väikeses kausis šalottsibul ja äädikas ning laske 15 minutit leotada.
b) Sega eraldi väikeses kausis petersell, oliiviõli ja näpuotsatäis soola.
c) Vahetult enne serveerimist lisage lusikaga peterselliõlile šalottsibul (aga mitte äädikas). Segage, maitsestage ja lisage vajadusel äädikat. Maitse ja reguleeri soola. Serveeri kohe.
d) Katke ja hoidke ülejäägid kuni 3 päeva külmkapis.

46.Praetud salvei Roheline kaste

KOOSTISOSAD:

- Põhiline Roheline kaste
- 24 salvei lehte
- Umbes 2 tassi neutraalse maitsega õli praadimiseks

JUHISED:
a) Järgige salvei praadimise juhiseid.
b) Vahetult enne serveerimist murenda salvei salsa sisse. Maitske ja kohandage salsat soola ja happe jaoks.
c) Katke ja hoidke ülejäägid kuni 3 päeva külmkapis.

47. Klassikaline prantsuse ürdisalsa

KOOSTISOSAD:

- 3 supilusikatäit peeneks hakitud šalottsibul (umbes 1 keskmine šalottsibul)
- 3 spl valge veini äädikat
- 2 spl väga peeneks hakitud petersellilehti
- 1 supilusikatäis väga peeneks hakitud kirvil
- 1 spl väga peeneks hakitud murulauku
- 1 spl väga peeneks hakitud basiilikut
- 1 tl väga peeneks hakitud estragoni
- 5 spl ekstra neitsioliiviõli
- soola

JUHISED:

a) Segage väikeses kausis šalottsibul ja äädikas ning laske 15 minutit leotada.
b) Sega eraldi väikeses kausis petersell, kirss, murulauk, basiilik, estragon, oliiviõli ja näpuotsatäis soola.
c) Vahetult enne serveerimist lisage lusikaga šalottsibul (aga mitte äädikas veel) ürdiõlile. Segage, maitsestage ja lisage vajadusel äädikat. Maitse ja reguleeri soola.
d) Katke ja hoidke ülejäägid kuni 3 päeva külmkapis.

48. Mehhiko ürdisalsa

KOOSTISOSAD:
- 3 supilusikatäit peeneks hakitud šalottsibul (umbes 1 keskmine šalottsibul)
- 3 spl laimimahla
- 1/4 tassi väga peeneks hakitud koriandri lehti ja õrnaid varsi
- 1 spl jalapeño hakitud pipart
- 2 supilusikatäit väga peeneks hakitud talisibul (rohelised ja valged osad)
- 1/4 tassi neutraalse maitsega õli
- soola

JUHISED:
a) Segage väikeses kausis šalottsibul ja laimimahl ning laske 15 minutit leotada.
b) Eraldi väikeses kausis segage koriander, jalapeño, talisibul, õli ja näputäis soola.
c) Vahetult enne serveerimist lisage lusikaga šalottsibul (aga mitte veel laimimahl) ürdiõlile. Sega, maitse ja vajadusel lisa laimimahla. Maitse ja reguleeri soola.
d) Katke ja hoidke ülejäägid kuni 3 päeva külmkapis.

49. Kagu-Aasia ürdisalsa

KOOSTISOSAD:

- 3 supilusikatäit peeneks hakitud šalottsibul (umbes 1 keskmine šalottsibul)
- 3 spl laimimahla
- 1/4 tassi väga peeneks hakitud koriandri lehti ja õrnaid varsi
- 1 spl jalapeño hakitud pipart
- 2 supilusikatäit väga peeneks hakitud talisibul (rohelised ja valged osad)
- 2 tl peeneks riivitud ingverit
- 5 spl neutraalse maitsega õli
- soola

JUHISED:

a) Segage väikeses kausis šalottsibul ja laimimahl ning laske 15 minutit leotada.
b) Eraldi väikeses kausis segage koriander, jalapeño, talisibul, ingver, õli ja näputäis soola.
c) Vahetult enne serveerimist lisage lusikaga šalottsibul (aga mitte veel laimimahl) ürdiõlile. Sega, maitse ja vajadusel lisa laimimahla. Maitse ja reguleeri soola.
d) Katke ja hoidke ülejäägid kuni 3 päeva külmkapis.

50.Jaapani ürtsalsa

KOOSTISOSAD:

- 2 spl väga peeneks hakitud petersellilehti
- 2 supilusikatäit väga peeneks hakitud koriandri lehti ja õrnaid varsi
- 2 supilusikatäit väga peeneks hakitud talisibul (rohelised ja valged osad)
- 1 tl peeneks riivitud ingverit
- 1/4 tassi neutraalse maitsega õli
- 1 spl sojakastet
- 3 spl maitsestatud riisiveini äädikat
- soola

JUHISED:

a) Segage väikeses kausis petersell, koriander, talisibul, ingver, õli ja sojakaste. Vahetult enne serveerimist lisa äädikas. Segage, maitsestage ja vajadusel reguleerige soola ja hapet.
b) Katke ja hoidke ülejäägid kuni 3 päeva külmkapis.

51. Meyeri sidrunisalsa

KOOSTISOSAD:

- 1 väike Meyeri sidrun
- 3 supilusikatäit peeneks hakitud šalottsibul (umbes 1 keskmine šalottsibul)
- 3 spl valge veini äädikat
- 1/4 tassi väga peeneks hakitud petersellilehti
- 1/4 tassi ekstra neitsioliiviõli
- soola

JUHISED:

a) Lõika sidrun pikuti veerandiks, seejärel eemalda keskmembraan ja seemned. Tükelda peeneks puhastatud sidrun, sealhulgas südamik ja koor. Segage väikeses kausis sidrunitükid ja mis tahes mahl, mida saate šalottsibula ja äädikaga kokku hoida. Lase seista 15 minutit leotamiseks.

b) Sega eraldi väikeses kausis petersell, oliiviõli ja näpuotsatäis soola.

c) Serveerimiseks kasutage lusikaga Meyeri sidruni ja šalottsibula segu (aga mitte äädikat veel) ürdiõlile. Maitse ja kohanda vastavalt vajadusele soola ja hapet.

d) Külmkapis, kaanega, kuni 3 päeva.

52. Põhja-Aafrika Charmoula

KOOSTISOSAD:
- 1/2 tl köömneid
- 1/2 tassi ekstra neitsioliiviõli
- 1 tass jämedalt hakitud koriandri lehti ja õrnaid varsi
- 1 küüslauguküüs
- 1-tolline ingveri nupp, kooritud ja viilutatud
- 1/2 väikest jalapeño pipart, varrega
- 4 tl laimimahla
- soola

JUHISED:

a) Asetage köömned väikesele kuivale pannile ja laske keskmisel kuumusel. Ühtlase röstimise tagamiseks keerake panni pidevalt. Röstige umbes 3 minutit, kuni esimesed seemned hakkavad paistma ja eritama maitsvat aroomi. Tõsta tulelt. Viska seemned kohe uhmri või maitseaineveski kaussi. Jahvata näpuotsatäie soolaga peeneks.

b) Asetage õli, röstitud köömned, koriander, küüslauk, ingver, jalapeño, laimimahl ja 2 näpuotsaga soola blenderisse või köögikombaini. Blenderda, kuni tükke või terveid lehti ei jää. Maitske ja reguleerige soola ja hapet. Vajadusel lisa vett soovitud konsistentsini vedeldamiseks. Kata ja hoia kuni serveerimiseni külmkapis.

c) Katke ja hoidke ülejäägid kuni 3 päeva külmkapis.

53. India kookose-koriandri chutney

KOOSTISOSAD:
- 1 tl köömneid
- 2 spl laimimahla
- 1/2 tassi värsket või külmutatud riivitud kookospähklit
- 1 kuni 2 küüslauguküünt
- 1 tass koriandrilehti ja õrnad varred (umbes 1 kobarast)
- 12 värsket piparmündilehte
- 1/2 jalapeño pipart, varrega
- 3/4 tl suhkrut
- soola

JUHISED:
a) Asetage köömned väikesele kuivale pannile ja laske keskmisel kuumusel. Ühtlase röstimise tagamiseks keerake panni pidevalt. Röstige umbes 3 minutit, kuni esimesed seemned hakkavad paistma ja eritama maitsvat aroomi. Tõsta tulelt. Viska seemned kohe uhmri või maitseaineveski kaussi. Jahvata näpuotsatäie soolaga peeneks.

b) Suruge laimimahl, kookospähkel ja küüslauk segistis või köögikombainis 2 minutit, kuni suuri tükke ei jää. Lisage röstitud köömned, koriander, piparmündilehed, jalapeño, suhkur ja näpuotsaga soola ning jätkake segamist veel 2–3 minutit, kuni tükke või terveid lehti pole alles. Maitske ja reguleerige soola ja hapet. Vajadusel lisage vett tibutava konsistentsini vedeldamiseks. Kata ja hoia kuni serveerimiseni külmkapis.

c) Katke ja hoidke ülejäägid kuni 3 päeva külmkapis.

54. Salmoriglio Sitsiilia pune kaste

KOOSTISOSAD:

- 1/4 tassi väga peeneks hakitud peterselli
- 2 spl väga peeneks hakitud värsket pune või majoraani või 1 spl kuivatatud pune
- 1 küüslauguküüs, peeneks riivitud või näpuotsatäie soolaga pekstud
- 1/4 tassi ekstra neitsioliiviõli
- 2 spl sidrunimahla
- soola

JUHISED:

a) Sega petersell, pune, küüslauk ja oliiviõli väikeses kausis koos rohke soolaga. Vahetult enne serveerimist lisa sidrunimahl.
b) Segage, maitsestage ja reguleerige soola ja happega. Serveeri kohe.
c) Külmkapis, kaanega, kuni 3 päeva.

55. Ürdijogurt

KOOSTISOSAD:

- 1 1/2 tassi tavalist jogurtit
- 1 küüslauguküüs, peeneks riivitud või näpuotsatäie soolaga pekstud
- 2 supilusikatäit peeneks hakitud peterselli
- 2 supilusikatäit peeneks hakitud koriandri lehti ja õrnaid varsi
- 8 piparmündilehte, peeneks hakitud
- 2 spl ekstra neitsioliiviõli
- soola

JUHISED:

a) Segage keskmises kausis jogurt, küüslauk, petersell, koriander, piparmündilehed ja oliiviõli rohke soolaga.
b) Segage, maitsestage ja vajadusel maitsestage soolaga. Kata ja jahuta kuni serveerimiseni.
c) Katke ja hoidke ülejäägid kuni 3 päeva külmkapis.

56. Pärsia ürdi- ja kurgijogurt

KOOSTISOSAD:
- 1/4 tassi musti või kuldseid rosinaid
- 1 1/2 tassi tavalist jogurtit
- 1 Pärsia kurk, kooritud ja peeneks viilutatud
- 1/4 tassi mis tahes kombinatsiooni peeneks hakitud värskeid piparmündilehti, tilli, peterselli ja koriandrit
- 1 küüslauguküüs, peeneks riivitud või näpuotsatäie soolaga pekstud
- 1/4 tassi röstitud kreeka pähkleid, jämedalt hakitud
- 2 spl ekstra neitsioliiviõli
- Rikkalik näpuotsaga soola
- Valikuline: kuivatatud roosi kroonlehed kaunistamiseks

JUHISED:
a) Kastke rosinad väikeses kausis keevasse vette. Laske neil 15 minutit seista, et nad taastuksid ja täituksid. Nõruta ja aseta keskmisesse kaussi.
b) Lisa jogurt, kurk, ürdid, küüslauk, kreeka pähklid, oliiviõli ja sool. Segage segamiseks, maitsestage ja vajadusel kohandage soola.
c) Jahutage kuni serveerimiseni. Soovi korrjuurdekaunista enne serveerimist murendatud roosi kroonlehtedega.
d) Katke ja hoidke ülejäägid kuni 3 päeva külmkapis.

57. Borani Esfenaj Pärsia spinatijogurt

KOOSTISOSAD:

- 4 spl ekstra neitsioliiviõli
- 2 kobarat spinatit, kärbitud ja pestud või 1 1/2 naela beebispinatit, pestud
- 1/4 tassi peeneks hakitud koriandri lehti ja õrnaid varsi
- 1 kuni 2 küüslauguküünt, peeneks riivitud või näpuotsatäie soolaga pekstud
- 1 1/2 tassi tavalist jogurtit
- soola
- 1/2 tl sidrunimahla

JUHISED:

a) Kuumuta suur pann kõrgel kuumusel, lisa 2 supilusikatäit oliiviõli ja sädeledes lisa spinat ja prae, kuni see on närbunud, umbes 2 minutit. Olenevalt panni suurusest peate võib-olla tegema seda kahes partiis. Eemaldage keedetud spinat kohe pannilt ja asetage ühe kihina küpsetuspaberiga kaetud küpsiseplaadile. See hoiab ära spinati üleküpsemise ja värvimuutuse.

b) Kui spinat on käsitsemiseks piisavalt jahe, pigista kogu vesi kätega välja ja haki see peeneks.

c) Sega keskmises kausis spinat, koriander, küüslauk, jogurt ja ülejäänud 2 supilusikatäit oliiviõli. Maitsesta soola ja sidrunimahlaga. Segage, maitsestage ja vajadusel reguleerige soola ja hapet. Jahutage kuni serveerimiseni.

d) Katke ja hoidke ülejäägid kuni 3 päeva külmkapis.

58. Mast-o-Laboo Pärsia peedijogurt

KOOSTISOSAD:
- 3 kuni 4 keskmist punast või kuldset peeti, lõigatud
- 1 1/2 tassi tavalist jogurtit
- 2 spl peeneks hakitud värsket piparmünti
- Valikuline: 1 tl peeneks hakitud värsket estragoni
- 2 spl ekstra neitsioliiviõli
- soola
- 1 kuni 2 tl punase veini äädikat
- Valikuline: kaunistuseks Nigella (must köömne) seemned

JUHISED:
a) Rösti ja koori peet. Lase jahtuda.
b) Riivi peet jämedalt ja sega jogurti hulka. Lisa piparmünt, estragon, kui kasutad, oliiviõli, sool ja 1 tl punase veini äädikat. Sega ja maitse. Reguleerige soola ja hapet vastavalt vajadusele. Jahutage kuni serveerimiseni. Soovi korrjuurdekaunista enne serveerimist nigella seemnetega.
c) Katke ja hoidke ülejäägid kuni 3 päeva külmkapis.

59. Põhiline majonees

KOOSTISOSAD:
- 1 munakollane toatemperatuuril
- 3/4 tassi õli

JUHISED:
a) Asetage munakollane sügavasse, keskmisesse metall- või keraamilisse kaussi. Niisutage käterätik ja rullige see pikaks palgiks, seejärel vormige see letile rõngaks. Asetage kauss rõnga sisse – see hoiab kaussi vahustamise ajjuurdepaigal. (Ja kui käsitsi vahustamine ei tule kõne allagi, kasutage blenderit, mikserit või köögikombaini.)
b) Kasutage vahukulbi või otsikuga pudelit, et tilkhaavjuurdeõli sisse tilgutada, samjuurdeajjuurdevahustades õli munakollasesse. Mine. Tõesti. Aeglaselt. Ja ärge lõpetage vispeldamist. Kui oled umbes poole õlist lisanud, võid hakata korraga lisama veidi rohkem õli. Kui majonees pakseneb nii palju, et seda pole võimalik vahustada, lisage selle lahjendamiseks teelusikatäis vett või mis tahes hapet, mida kavatsete hiljem lisada.
c) Katke ja hoidke ülejäägid kuni 3 päeva külmkapis.

60. Klassikaline Sandwich Mayo

KOOSTISOSAD:
- 1 1/2 teelusikatäit õunasiidri äädikat
- 1 tl sidrunimahla
- 3/4 tl kollase sinepipulbrit
- 1/2 tl suhkrut
- soola
- 3/4 tassi jäika põhimajoneesi

JUHISED:
a) Segage väikeses kausis äädikas ja sidrunimahl ning segage, et sinepipulber, suhkur ja näputäis soola lahustuksid. Sega segu majoneesi hulka.
b) Maitse ja kohanda vastavalt vajadusele soola ja hapet. Kata ja jahuta kuni serveerimiseni.
c) Katke ja hoidke ülejäägid kuni 3 päeva külmkapis.

61.Aïoli küüslaugu majonees

KOOSTISOSAD:
- soola
- 4 tl sidrunimahla
- 3/4 tassi jäika põhimajoneesi
- 1 küüslauguküüs, peeneks riivitud või näpuotsatäie soolaga pekstud

JUHISED:
a) Lahustage sidrunimahlas näpuotsaga soola. Segage majoneesiga ja lisage küüslauk.
b) Maitse ja kohanda vastavalt vajadusele soola ja hapet. Kata ja jahuta kuni serveerimiseni.
c) Katke ja hoidke ülejäägid kuni 3 päeva külmkapis.

62. Ürdimajonees

KOOSTISOSAD:
- soola
- 3/4 tassi jäika põhimajoneesi
- 1 spl sidrunimahla
- 4 supilusikatäit mis tahes kombinatsiooni väga peeneks hakitud peterselli, murulauku, kirvi, basiilikut ja estragonit
- 1 küüslauguküüs, peeneks riivitud või näpuotsatäie soolaga pekstud

JUHISED:
a) Lahustage sidrunimahlas näpuotsaga soola. Sega majonees ning lisa ürdid ja küüslauk. Maitse ja kohanda vastavalt vajadusele soola ja hapet. Kata ja jahuta kuni serveerimiseni.
b) Katke ja hoidke ülejäägid kuni 3 päeva külmkapis.

63. Rouille pipra majonees

KOOSTISOSAD:

- soola
- 3 kuni 4 tl punase veini äädikat
- 3/4 tassi jäika põhimajoneesi
- 1/3 tassi põhilist piprapastat
- 1 küüslauguküüs, peeneks riivitud või näpuotsatäie soolaga pekstud

JUHISED:
a) Lahustage äädikas näpuotsatäis soola.
b) Sega majonees koos piprapasta ja küüslauguga.
c) Piprapasta ja äädikas tunduvad alguses majoneesi vedeldavat, kuid kaste pakseneb mõnetunnisel külmikus hoidmisel.
d) Kata ja jahuta kuni serveerimiseni.

64. Tatari kaste

KOOSTISOSAD:
- 2 tl peeneks hakitud šalottsibulat
- 1 spl sidrunimahla
- 1/2 tassi jäika põhimajoneesi
- 3 supilusikatäit hakitud cornichons
- 1 spl soolatud kapparid, leotatud, loputatud ja tükeldatud
- 2 tl peeneks hakitud peterselli
- 2 tl peeneks hakitud kirvi
- 1 tl peeneks hakitud murulauku
- 1 tl peeneks hakitud estragoni
- 1 kümne minuti muna, jämedalt hakitud või riivitud
- 1/2 tl valge veini äädikat
- soola

JUHISED:
a) Lase šalottsibuljuurdeväikeses kausis sidrunimahlas leotada vähemalt 15 minutit.
b) Sega keskmises kausis majonees, kornikonid, kapparid, petersell, kirss, murulauk, estragon, muna ja äädikas. Maitsesta soolaga. Lisage kuubikuteks lõigatud šalottsibul, kuid mitte sidrunimahla. Sega ühtlaseks, seejärel maitse. Vajadusel lisa sidrunimahla, seejärel maitse ja reguleeri soola ja happega. Kata ja jahuta kuni serveerimiseni.
c) Katke ja hoidke ülejäägid kuni 3 päeva külmkapis.
d) Serveeri õllega küpsetatud kala või krevettide, Fritto Misto kõrvale.
e) Piprakaste
f) Piprakastmetest saab suurepäraseid maitseaineid, dipikastmeid ja võileivamäärdeid. Paljud, kuid mitte kõik maailma köögid sisaldavad maitseaineid, mis algavad piprapastaga. Ja need ei ole alati talumatult vürtsikad. Maitse parandamiseks segage piprapasta ubade, riisi, supi või hautisega pottidesse. Hõõruge seda enne röstimist või grillimist lihale või lisage hautamiseks.
g) Lisage majoneesile veidi piprapastat ja saate Prantsuse Rouille'i, mis sobib suurepäraselt Tuna Confitiga valmistatud võileiva jaoks. Serveerige Harissat, Põhja-Aafrika piprakastet, koos Kufte Kebabidega, grillitud kala, liha või köögiviljade ja pošeeritud munadega. Paks Romesco, Kataloonia pipra- ja pähklikaste, sobib suurepäraselt köögiviljade ja kreekeritega.
h) Lahjendage seda vähese veega, et see oleks ideaalne maitseaine röstitud või grillitud köögiviljade, kala ja liha jaoks. Serveeri Liibanonist pärit granaatõunapitsiga pähkli-pipramääret Muhammara koos soojade vormileibade ja toorete köögiviljadega.

65.Põhiline piprapasta

KOOSTISOSAD:
- 3 untsi (umbes 10–15 tükki) kuivatatud tšillit, nagu Guajillo, New Mexico, Anaheim või ancho
- 4 tassi keeva vett
- 3/4 tassi ekstra neitsioliiviõli
- soola

JUHISED:
a) Kui teil on väga tundlik nahk, pange sõrmede kaitsmiseks kätte kummikindad. Vars ja seemned tšillipiprale eemaldades vars ja seejärel rebides iga paprika pikuti lahti. Raputage seemned välja ja visake ära. Loputage paprikad, katke need kuumakindlas kausis keeva veega ja asetage paprikate peale taldrik, et need uputada. Laske 30–60 minutit seista, et rehüdraatuda, seejärel tühjendage need, jättes alles 1/4 tassi vett.

b) Aseta paprika, õli ja sool blenderisse või köögikombaini ning blenderda vähemalt 3 minutit, kuni see on täiesti ühtlane. Kui segu on segisti töötlemiseks liiga paks, lisage reserveeritud vett nii palju, et pasta vedeldaks. Maitse ja maitsesta vastavalt vajadusele. Kui teie pasta ei ole pärast 5-minutilist segamist ikka veel täiesti ühtlane, ajage see kummilabidaga läbi peene sõela, et eemaldada ülejäänud paprikakoored.

c) Katke õliga, keerake tihedalt kokku ja hoidke külmkapis kuni 10 päeva. Külmutage kuni 3 kuud.

66.Harissa Põhja-Aafrika piprakaste

KOOSTISOSAD:
- 1 tl köömneid
- 1/2 tl koriandri seemneid
- 1/2 tl köömneid
- 1 tass põhilist piprapastat
- 1/4 tassi päikesekuivatatud tomateid, jämedalt hakitud
- 1 küüslauguküüs
- soola

JUHISED:
a) Asetage köömned, koriander ja köömned väikesele kuivale pannile ja laske keskmisel kuumusel. Ühtlase röstimise tagamiseks keerake panni pidevalt. Röstige umbes 3 minutit, kuni esimesed seemned hakkavad paistma ja eritama maitsvat aroomi. Tõsta tulelt. Viska seemned kohe uhmri või maitseaineveski kaussi. Jahvata näpuotsatäie soolaga peeneks.
b) Sega paprikapasta, tomatid ja küüslauk köögikombainis või blenderis ühtlaseks massiks. Lisa röstitud köömned, koriander ja köömned. Maitsesta soolaga. Maitse ja kohanda vastavalt vajadusele.
c) Katke ja hoidke ülejäägid kuni 5 päeva külmkapis.

67.Muhammara pipra- ja pähklimääre

KOOSTISOSAD:
- 1 tl köömneid
- 1 1/2 tassi kreeka pähkleid
- 1 tass põhilist piprapastat
- 1 küüslauguküüs
- 1 tass röstitud puistamispuru
- 2 supilusikatäit pluss 1 tl granaatõuna melassi
- 2 supilusikatäit pluss 1 tl sidrunimahla
- soola

JUHISED:
a) Kuumuta ahi temperatuurini 350 °F.
b) Asetage köömned väikesele kuivale pannile ja laske keskmisel kuumusel. Ühtlase röstimise tagamiseks keerake panni pidevalt. Röstige umbes 3 minutit, kuni esimesed seemned hakkavad paistma ja eritama maitsvat aroomi. Tõsta tulelt. Viska seemned kohe uhmri või maitseaineveski kaussi. Jahvata näpuotsatäie soolaga peeneks.
c) Laota kreeka pähklid ühe kihina ahjuplaadile ja pane ahju. Seadke taimer 4 minutiks ja kontrollige pähkleid, kui see kustub, segades neid ühtlase pruunistumise tagamiseks. Jätkake röstimist veel 2–4 minutit, kuni need on väljast kergelt pruunistunud ja sisse hammustades röstitud. Eemaldage ahjust ja küpsetusplaadist ning laske jahtuda.
d) Pane piprapasta, jahutatud kreeka pähklid ja küüslauk köögikombaini ning blenderda ühtlaseks massiks.
e) Lisage granaatõuna melass, sidrunimahl ja köömned ning puljongige, kuni need on ühendatud. Maitske ja reguleerige soola ja happega.
f) Katke ja hoidke ülejäägid kuni 5 päeva külmkapis.

68. Basiiliku pesto

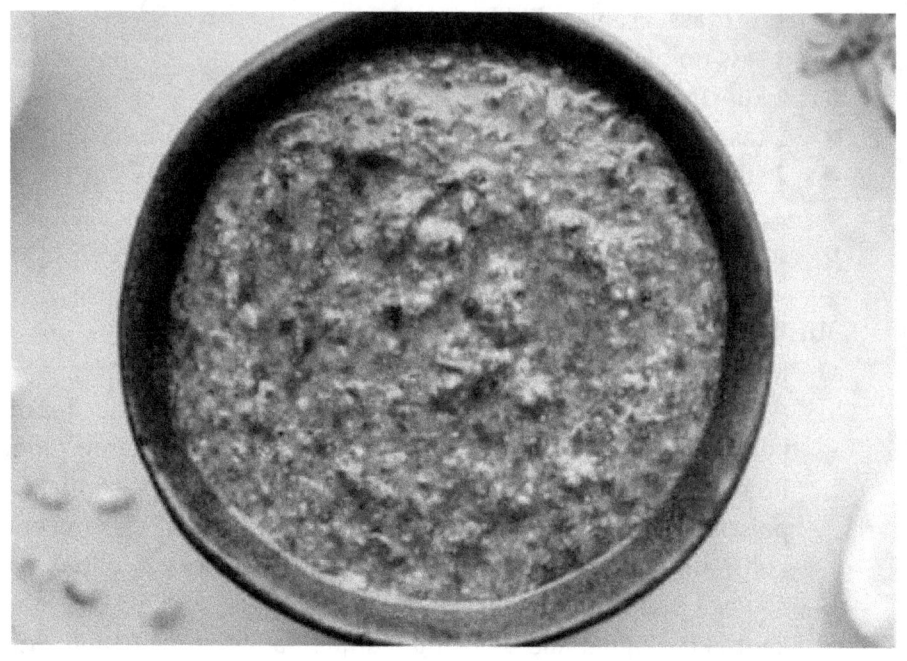

KOOSTISOSAD:
- 3/4 tassi ekstra neitsioliiviõli
- 2 pakitud tassi (umbes 2 suurt kimpu) värskeid basiilikulehti
- 1 kuni 2 küüslauguküünt, peeneks riivitud või näpuotsatäie soolaga pekstud
- 1/2 tassi piiniaseemneid, kergelt röstitud ja purustatud
- 3 1/2 untsi parmesani, peeneks riivitud, pluss veel serveerimiseks (umbes 1 kuhjaga tass)
- soola

JUHISED:
a) Masinas basiiliku segamise võti on vältida sellega liialdamist, sest mootori tekitatav soojus koos ületükeldamisel tekkida võiva oksüdatsiooniga muudab basiiliku pruuniks.
b) Nii et andke endale siin edumaa ja laske kõigepealt noaga basiilikut läbi.
c) Valage pool oliiviõlist ka blenderi või töötlemisnõu põhja, et basiilik võimalikult kiiresti vedelikuks laguneks. Seejärel pulseerige, peatudes paar korda minutis kummilabidaga lehti alla surudes, kuni basiilikuõli muutub lõhnavaks smaragdroheliseks mullivanniks.
d) Basiiliku üle blenderdamise vältimiseks viimistle pesto kausis. Valage basiilikuõli keskmisesse kaussi ja lisage osa küüslauku, piiniaseemneid ja parmesani. Sega ühtlaseks, seejärel maitse. Kas see vajab rohkem küüslauku? Rohkem soola? Rohkem juustu? Kas see on liiga paks? Kui jah, lisage veidi rohkem õli või plaanige lisada veidi pastavett. Nokitse ja maitse veelkord, pidades silmas, et kui pesto veidi seista, maitsed ühtivad, küüslauk muutub tugevamaks ja sool lahustub.
e) Laske mõni minut seista, seejärel maitsestage ja reguleerige uuesti. Lisa nii palju oliiviõli, et kaste kataks, et vältida oksüdeerumist.
f) Külmkapis, kaanega, kuni 3 päeva või sügavkülmas kuni 3 kuud.

69.Suhkrustatud puuvilja chutney

KOOSTISOSAD:
- 2 tassi segatud suhkrustatud puuvilju, hakitud
- 1 tass kuivatatud aprikoose, tükeldatud
- 1/2 tassi rosinaid
- 1 tass pruuni suhkrut
- 1 tass õunasiidri äädikat
- 1 tl jahvatatud ingverit
- 1/2 tl jahvatatud kaneeli
- Näputäis cayenne'i pipart (valikuline)

JUHISED:
a) Sega kastrulis kõik koostisosad ja kuumuta keemiseni.
b) Alanda kuumust ja hauta 30–40 minutit või kuni chutney on paksenenud.
c) Enne serveerimist lase jahtuda.
d) See chutney sobib hästi röstitud liha, juustu või võileivamäärdena.

70.Magushapu papaia chutney

KOOSTISOSAD:
- 1 papaia (värske; küps või purgis)
- 1 väike punane sibul; väga õhukeseks segmenteeritud
- 1 mõõdukas tomat (kuni 2); seemnetega, väikesteks kuubikuteks
- ½ tassi segmenteeritud talisibul
- 1 väike ananass; lõigatud tükkideks
- 1 spl mett
- Sool; maitse järgi
- Värskelt jahvatatud must pipar; maitse järgi
- ½ Värske jalapeno; peeneks tükeldatud

JUHISED:
Sega mikseris

71.Kardemoni-vürtsiga küdoonia chutney

KOOSTISOSAD:
- 2 küdooniat, kooritud, puhastatud südamikust ja tükeldatud
- 1 sibul, peeneks hakitud
- 1/2 tassi pruuni suhkrut
- 1/4 tassi õunasiidri äädikat
- 1 tl jahvatatud kardemoni
- 1/2 tl jahvatatud kaneeli
- 1/4 tl jahvatatud nelki
- Näputäis soola

JUHISED:
a) Sega kastrulis kuubikuteks lõigatud küdooniad, hakitud sibul, fariinsuhkur, õunaäädikas, jahvatatud kardemon, jahvatatud kaneel, jahvatatud nelk ja näputäis soola.
b) Kuumuta segu keemiseni, seejärel alanda kuumust ja küpseta umbes 30-40 minutit või kuni küdooniad on pehmed ja chutney pakseneb.
c) Reguleerige maitse järgi magusust ja maitseaineid.
d) Enne serveerimist lase küdooniachutneyl jahtuda. See sobib hästi juustu, röstitud lihaga või võileibade maitseainena.

RIIDED

72.Punase veini vinegrett

KOOSTISOSAD:
- 1 spl peeneks hakitud šalottsibul
- 2 spl punase veini äädikat
- 6 spl ekstra neitsioliiviõli
- soola
- Värskelt jahvatatud must pipar

JUHISED:

a) Laske šalottsibul väikeses kausis või purgis äädikas 15 minutit leotada, seejärel lisage oliiviõli, näpuotsaga soola ja väike näpuotsaga pipart. Segage või loksutage, seejärel maitsestage salatilehega ja kohandage vastavalt vajadusele soola ja hapet. Katke ja hoidke ülejäägid kuni 3 päeva külmkapis.

b) Ideaalne aedsalati, rukola, siguri, Belgia endiivia, Little Gem ja Rooma salati, peedi, tomatite, igat liiki blanšeeritud, grillitud või röstitud köögiviljade jaoks ning kapsasalati, Fattoushi, teravilja- või oasalati, kreeka salati, kevadise salati jaoks Panzanella.

73. Balsamico vinegrette

KOOSTISOSAD:
- 1 spl peeneks hakitud šalottsibul
- 1 spl laagerdunud palsamiäädikat
- 1 spl punase veini äädikat
- 4 spl ekstra neitsioliiviõli
- soola
- Värskelt jahvatatud must pipar

JUHISED:
a) Laske šalottsibul väikeses kausis või purgis äädikas 15 minutit leotada, seejärel lisage oliiviõli, näpuotsaga soola ja näpuotsaga pipart. Segage või loksutage, seejärel maitsestage salatilehega ja kohandage vastavalt vajadusele soola ja hapet. Katke ja hoidke ülejäägid kuni 3 päeva külmkapis.

b) Ideaalne rukola, aedsalati, Belgia endiivia, siguri, rooma ja Little Gem salati, igat liiki blanšeeritud, grillitud või röstitud köögiviljade ning teravilja- või oasalati, talvise panzanella jaoks.

74. Sidrunivinegrett

KOOSTISOSAD:
- 1/2 tl peeneks riivitud sidrunikoort (umbes 1/2 sidruni väärtuses)
- 2 spl värskelt pressitud sidrunimahla
- 1 1/2 tl valge veini äädikat
- 5 spl ekstra neitsioliiviõli
- 1 küüslauguküüs
- soola
- Värskelt jahvatatud must pipar

JUHISED:
a) Valage sidrunikoor, mahl, äädikas ja oliiviõli väikesesse kaussi või purki. Purusta küüslauguküüs peopesaga vastu letti ja lisa vinegretile. Maitsesta näpuotsatäie soola ja pipraga. Segage või loksutage, seejärel maitsestage salatilehega ja kohandage vastavalt vajadusele soola ja hapet. Laske seista vähemalt 10 minutit ja eemaldage enne kasutamist küüslauguküüs.
b) Katke ja hoidke ülejäägid kuni 2 päeva külmkapis.
c) Ideaalne ürdisalati, rukola, aedsalati, rooma- ja väikese kallissalati, kurgi, keedetud köögiviljade ning avokaadosalati, hakitud apteegitilli ja redise salati, aeglaselt röstitud lõhe jaoks.

75. Laimi vinegrett

KOOSTISOSAD:
- 2 spl värskelt pressitud laimimahla (umbes 2 väikesest laimist)
- 5 spl ekstra neitsioliiviõli
- 1 küüslauguküüs
- soola

JUHISED:
a) Valage laimimahl ja oliiviõli väikesesse kaussi või purki. Purusta küüslauguküüs ja lisa vinegretile koos näpuotsatäie soolaga. Segage või loksutage, seejärel maitsestage salatilehega ja kohandage vastavalt vajadusele soola ja hapet. Laske seista vähemalt 10 minutit ja eemaldage küüslauk enne kasutamist.
b) Katke ja hoidke ülejäägid kuni 3 päeva külmkapis.
c) Ideaalne aedsalati, Little Gem ja Rooma salati, viilutatud kurkide ning avokaadosalati, raseeritud porgandi salati, Shirazi salati ja aeglaselt röstitud lõhe jaoks.

76. Tomati vinegrett

KOOSTISOSAD:
- 2 supilusikatäit tükeldatud šalottsibulat
- 2 spl punase veini äädikat
- 1 spl laagerdunud palsamiäädikat
- 1 suur või kaks väikest väga küpset tomatit (umbes 8 untsi)
- 4 basiilikulehte, rebitud suurteks tükkideks
- 1/4 tassi ekstra neitsioliiviõli
- 1 küüslauguküüs
- soola

JUHISED:
a) Laske šalottsibul väikeses kausis või purgis 15 minutit äädika sees leotada.
b) Poolita tomat risti. Riivi kastriivi suurimale augule ja visake nahk ära. Teil peaks jääma 1/2 tassi riivitud tomatit. Lisage see šalottsibulale. Lisa basiilikulehed, oliiviõli ja näpuotsaga soola. Purusta küüslauk peopesaga vastu letti ja lisa kastmele. Segamiseks loksutage või segage. Maitsesta krutooni või tomativiiluga ning kohanda vastavalt vajadusele soola ja hapet. Laske seista vähemalt 10 minutit ja eemaldage küüslauk enne kasutamist.
c) Katke ja hoidke ülejäägid kuni 2 päeva külmkapis.
d) Ideaalne viilutatud tomatite ja avokaadosalati, Caprese salati, suviste Panzanella, Ricotta ja tomati salati röstsaiade, suviste tomatite ja ürdisalati jaoks.

77. Riisiveini vinaigrette

KOOSTISOSAD:
- 2 spl maitsestatud riisiveini äädikat
- 4 spl neutraalse maitsega õli
- 1 küüslauguküüs
- soola

JUHISED:
a) Valage äädikas ja oliiviõli väikesesse kaussi või purki. Purusta küüslauguküüs peopesaga vastu letti ja lisa kastmele.
b) Segage või loksutage, seejärel maitsestage salatilehega ja kohandage vastavalt vajadusele soola ja hapet. Laske seista vähemalt 10 minutit, seejärel eemaldage küüslauk enne kastme kasutamist.
c) Katke ja hoidke ülejäägid kuni 3 päeva külmkapis.
d) Ideaalne aedsalati, Rooma ja Little Gem salati, raseeritud daikon-rõika, porgandi või kurgi ja avokaadosalati jaoks.

78. Caesari riietus

KOOSTISOSAD:
- 4 soolaga pakitud anšoovist (või 8 fileet), leotatud ja viilitud
- 3/4 tassi jäika põhimajoneesi
- 1 küüslauguküüs, peeneks riivitud või näpuotsatäie soolaga pekstud
- 3 kuni 4 supilusikatäit sidrunimahla
- 1 tl valge veini äädikat
- 3 untsi tükk parmesani, peeneks riivitud (umbes 1 tass), lisaks veel serveerimiseks
- 3/4 tl Worcestershire'i kastet
- Värskelt jahvatatud must pipar
- soola

JUHISED:
a) Haki anšoovised jämedalt ja tambi uhmris peeneks pastaks. Mida rohkem neid purustate, seda parem on side.
b) Sega keskmises kausis kokku anšoovised, majonees, küüslauk, sidrunimahl, äädikas, parmesan, Worcestershire'i kaste ja pipar. Maitsesta salatilehega, seejärel lisa soola ja reguleeri vastavalt vajadusele hapet. Või praktiseerides soolakihistamise kohta õpitut, lisage majoneesile vähehaavjuurdeigat soolast koostisosa. Reguleerige hapet, seejärel maitsestage ja reguleerige soolaseid koostisosi, kuni saavutate ideaalse soola, rasva ja happe tasakaalu. Kas raamatust loetud õppetunni ellu viimine on kunagi olnud nii maitsev? Ma kahtlen selles.
c) Salati valmistamiseks viska kätega suurde kaussi rohelised ja rebitud krutoonid koos rohke kastmega, et need ühtlaselt kataks. Kaunista parmesani ja värskelt jahvatatud musta pipraga ning serveeri kohe.
d) Kastmejääke hoida kaetult külmkapis kuni 3 päeva.
e) Ideaalne Rooma ja Little Gem salati, siguri, toore või blanšeeritud lehtkapsa, raseeritud rooskapsa ja Belgia endiivia jaoks.

79. Kreemjas ürdikaste

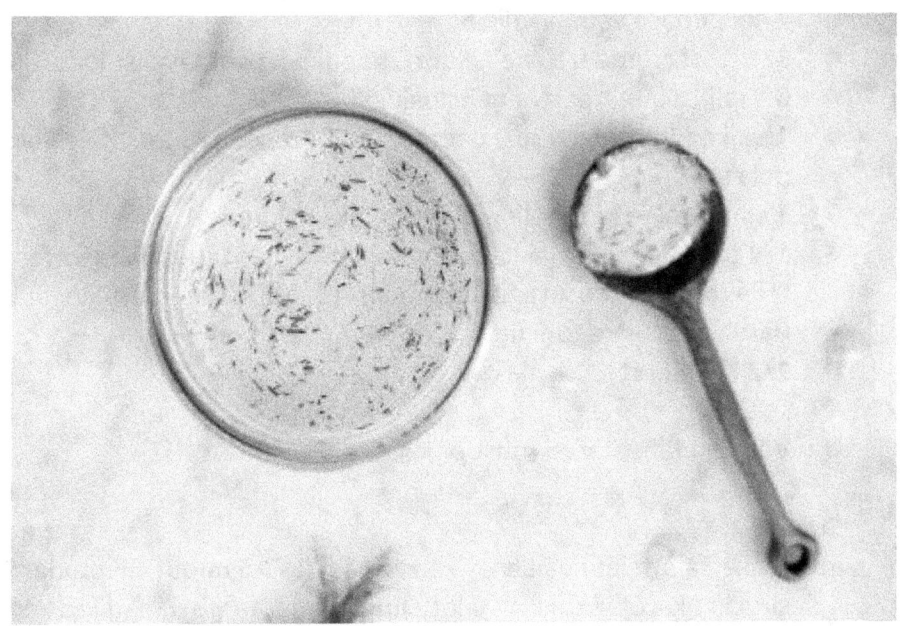

KOOSTISOSAD:
- 1 spl peeneks hakitud šalottsibul
- 2 spl punase veini äädikat
- 1/2 tassi crème fraîche'i, koort, hapukoort või tavalist jogurtit
- 3 supilusikatäit ekstra neitsioliivõli
- 1 väike küüslauguküüs, peeneks riivitud või näpuotsatäie soolaga pekstud
- 1 sibul, valge ja roheline osa peeneks hakitud
- 1/4 tassi peeneks hakitud pehmeid ürte, mis tahes vahekorras, mis teile meeldib. Kasutage peterselli, koriandri, tilli, murulaugu, kirvi, basiiliku ja estragoni mis tahes kombinatsiooni
- 1/2 tl suhkrut
- soola
- Värskelt jahvatatud must pipar

JUHISED:
a) Laske šalottsibul väikeses kausis äädikas 15 minutit leotada. Sega suures kausis kokku šalottsibul ja leotamise äädikas crème fraîche'i, oliivõli, küüslaugu, tallsibula, ürtide, suhkru, rohke soola ja näpuotsatäie musta pipraga. Maitsesta salatilehega, seejärel kohanda vastavalt vajadusele soola ja hapet.
b) Hoidke ülejäägid kaanega külmkapis kuni 3 päeva.
c) Ideaalne rooma, Icebergi viilude, Little Gem salati, peedi, kurgi, Belgia endiivia ja grillitud kala või praekana serveerimiseks, crudités'i kastmiseks, praetoitude kõrvale serveerimiseks.

80.Sinihallitusjuustu kaste

KOOSTISOSAD:

- 5 untsi kreemjat sinihallitusjuustu, nagu Roquefort, Bleu d'Auvergne või Maytag Blue, purustatud
- 1/2 tassi crème fraîche'i, hapukoort või rasket koort
- 1/4 tassi ekstra neitsioliivõli
- 1 spl punase veini äädikat
- 1 väike küüslauguküüs, peeneks riivitud või näpuotsatäie soolaga pekstud
- soola

JUHISED:

a) Segage keskmises kausis vispliga juust, crème fraîche, oliiviõli, äädikas ja küüslauk põhjalikult. Teise võimalusena asetage kõik purki, sulgege kaas ja raputage tugevalt, et segu seguneks. Maitsesta salatilehega, seejärel lisa soola ja reguleeri vastavalt vajadusele hapet.

b) Hoidke ülejäägid kaanega külmkapis kuni 3 päeva.

c) Ideaalne Belgia endiivia, siguri, jäämäe, väikese kalliskivi ja rooma salati jaoks. See kaste sobib suurepäraselt ka steigi kastmeks või porgandi ja kurgi dipikastmeks.

81. Roheline jumalanna riietus

KOOSTISOSAD:
- 3 soolaga pakitud anšoovist (või 6 fileet), leotatud ja viilitud
- 1 keskmine küps avokaado, poolitatud ja kivideta
- 1 küüslauguküüs, viilutatud
- 4 tl punase veini äädikat
- 2 supilusikatäit pluss 2 tl sidrunimahla
- 2 supilusikatäit peeneks hakitud peterselli
- 2 supilusikatäit peeneks hakitud koriandrit
- 1 spl peeneks hakitud murulauku
- 1 spl peeneks hakitud kirvil
- 1 tl peeneks hakitud estragoni
- 1/2 tassi jäika põhimajoneesi
- soola

JUHISED:
a) Haki anšoovised jämedalt ja tambi uhmris peeneks pastaks. Mida rohkem neid purustate, seda parem on side.
b) Asetage anšoovised, avokaado, küüslauk, äädikas, sidrunimahl, ürdid ja majonees blenderisse või köögikombaini koos näpuotsatäie soolaga ning segage kuni kreemja, paksu ja ühtlase massini. Maitse ja kohanda vastavalt vajadusele soola ja hapet. Jätke Green Goddess dipikastmeks kasutamiseks paksuks või lahjendage veega soovitud konsistentsini salatikastme jaoks.
c) Hoidke ülejäägid kaanega külmkapis kuni 3 päeva.
d) Ideaalne rooma, Icebergi viilude, Little Gem salati, peedi, kurgi, Belgia endiivia jaoks, serveerimiseks grillkala või praekanaga, kastmiseks ja avokaadosalatiks.

82. Tahini riietus

KOOSTISOSAD:
- 1/2 tl köömneid või 1/2 tl jahvatatud köömneid
- soola
- 1/2 tassi tahini
- 1/4 tassi värskelt pressitud sidrunimahla
- 2 spl ekstra neitsioliiviõli
- 1 küüslauguküüs, peeneks riivitud või näpuotsatäie soolaga pekstud
- 1/4 tl jahvatatud Cayenne'i pipart
- 2 kuni 4 supilusikatäit jäävett

JUHISED:
a) Asetage köömned väikesele kuivale pannile ja laske keskmisel kuumusel. Ühtlase röstimise tagamiseks keerake panni pidevalt. Röstige umbes 3 minutit, kuni esimesed seemned hakkavad paistma ja eritama maitsvat aroomi. Tõsta tulelt. Viska seemned kohe uhmri või maitseaineveski kaussi. Jahvata näpuotsatäie soolaga peeneks.
b) Asetage köömned, tahini, sidrunimahl, õli, küüslauk, Cayenne, 2 supilusikatäit jäävett ja näpuotsatäis soola keskmisesse kaussi ning vahustage. Teise võimalusena blenderda kõik köögikombainis kokku. Segu võib alguses tunduda purunenud, kuid uskuge, et see muutub segades ühtlaseks kreemjaks emulsiooniks. Vajadusel lisage vett, et see soovitud konsistentsini vedeldaks – jätke see kastmiseks paksuks ja lahjendage salatite, köögiviljade või liha valmistamiseks. Maitsesta salatilehega, seejärel kohanda vastavalt vajadusele soola ja hapet.
c) Hoidke ülejäägid kaanega külmkapis kuni 3 päeva.

83. Miso-sinepi kaste

KOOSTISOSAD:
- 4 spl valget või kollast misopastat
- 2 supilusikatäit mett
- 2 supilusikatäit Dijoni sinepit
- 4 spl riisiveini äädikat
- 1 tl peeneks riivitud ingverit

JUHISED:
a) Keskmises kausis segage vispliga kõik põhjalikult ühtlaseks massiks. Teise võimalusena asetage kõik koostisosad purki, sulgege kaas ja loksutage tugevalt, et need seguneksid. Maitsesta salatilehega, seejärel reguleeri vastavalt vajadusele hapet.

b) Ideaalne viilutatud, toores kapsa või lehtkapsa, aedsalati, rooma salati ja väikese kallissalati, Belgia endiivia ja grillkala, allesjäänud kanaprae või röstitud köögiviljade peale viskamiseks.

84. Maapähkli-laimi kaste

KOOSTISOSAD:
- 1/4 tassi värskelt pressitud laimimahla
- 1 spl kalakastet
- 1 spl riisiveini äädikat
- 1 tl sojakastet
- 1 spl peeneks riivitud ingverit
- 1/4 tassi maapähklivõid
- 1/2 jalapeño pipart, tükeldatud ja viilutatud
- 3 spl neutraalse maitsega õli
- 1 küüslauguküüs, viilutatud
- Valikuline: 1/4 tassi jämedalt hakitud koriandri lehti

JUHISED:
a) Pane kõik koostisosad blenderisse või köögikombaini ja blenderda ühtlaseks massiks. Lahjendage veega soovitud konsistentsini – jätke see kastmiseks paksuks ja lahjendage salatite, köögiviljade või liha valmistamiseks. Maitsesta salatilehega, seejärel kohanda vastavalt vajadusele soola ja hapet.
b) Hoidke ülejäägid kaanega külmkapis kuni 3 päeva.
c) Ideaalne kurkide, riisi- või soba-nuudlite, Rooma kõrvale ning serveerimiseks grillitud või röstitud kana, steiki või sealiha kõrvale.

TAIGAS

85. Täisvõine pirukatainas

KOOSTISOSAD:
- 2 1/4 tassi (12 untsi) universaalset jahu
- 1 helde supilusikatäis suhkrut
- Suur näputäis soola
- 16 supilusikatäit (8 untsi) jahutatud soolamata võid, lõigatud 1/2-tollisteks kuubikuteks
- Umbes 1/2 tassi jäävett
- 1 tl valget äädikat

JUHISED:

a) Asetage jahu, suhkur ja sool labakinnitusega mikseri kaussi, seejärel külmutage kogu asi 20 minutiks (kui kaussi sügavkülma ei mahu, siis lihtsalt külmutage koostisosad). Külmuta ka või ja jäävesi.

b) Asetage kauss segistile ja keerake madalaimale kiirusele. Lisa paar tükki korraga kuubikuteks lõigatud või ja sega, kuni või näeb välja nagu purustatud pähklitükid. Erinevad võitükid toovad tainas kaunid helbed, seega vältige üle segamist.

c) Lisa õhukese joana äädikas. Lisage täpselt nii palju vett ja segage nii vähe kui võimalik, kuni tainas püsib vaevu koos - tõenäoliselt vajate peaaegu kogu 1/2 tassi. Mõned karvased tükid on korras. Kui te pole kindel, kas tainas vajab rohkem vett või mitte, peatage mikser ja võtke peotäis tainast peopessa. Pigistage seda tugevalt, seejärel proovige see õrnalt lahti murda. Kui see mureneb väga kergesti ja tundub väga kuiv, lisage rohkem vett. Kui see hoiab koos või laguneb mõneks tükiks, olete valmis.

d) Letil tõmmake rullist välja pikk kiletükk, kuid ärge lõigake seda. Pöörake kauss kiire ja kartmatu liigutusega ümber kile. Eemaldage kauss ja vältige taigna puudutamist. Lõika rullist plast ja mõlemast otsast üles tõstes turguta sellega kogu tainas palliks. Ärge muretsege, kui sejuurdeon vähe kuivanud tükke – jahu imab aja jooksul niiskust ühtlaselt. Keera plast tihedalt ümber taigna, et moodustada pall. Lõika pall terava noaga läbi plastmassi pooleks, mähkige kumbki pool uuesti tihedalt kilesse ja suruge kumbki pool kettaks. Jahuta vähemalt 2 tundi või üleöö.

e) Pakendamata ettevalmistatud taigna külmutamiseks kuni 2 kuuks mässige see topelt kilesse ja seejärel alumiiniumfooliumisse, et vältida sügavkülma põlemist. Enne kasutamist laske taignjuurdeüleöö külmkapis sulada.

86. Hapukas tainas

KOOSTISOSAD:
- 1 2/3 tassi (8 1/2 untsi) universaalset jahu
- 2 supilusikatäit (1 unts) suhkrut
- 1/4 tl küpsetuspulbrit
- 1 tl koššersoola või 1/2 tl peent meresoola
- 8 supilusikatäit (4 untsi) soolamata võid, lõigatud 1/2-tollisteks kuubikuteks, jahutatud
- 6 supilusikatäit (3 untsi) crème fraîche'i või rasket koort, jahutatud
- 2 kuni 4 supilusikatäit jäävett

JUHISED:

a) Vahusta jahu, suhkur, küpsetuspulber ja sool mikseri kausis. Külmutage koos või ja labakinnitusega 20 minutiks. Jahuta crème fraîche ja koor külmikusse.

b) Asetage kuivainetega kauss statsionaarsele mikserile ja kinnitage labakinnitusega. Keera kiirus madalale ja lisa aeglaselt võikuubikud. Kui või on lisatud, võid kiirust tõsta keskmisele-madalale.

c) Töötle võiga, kuni see näeb välja nagu purustatud kreeka pähkli suurused tükid (ära sega üle – võitükid on head!). Segistis kulub selleks umbes 1–2 minutit, käsitsi veidi kauem.

d) Lisa crème fraîche. Mõnel juhul piisab sellest, et tainast veidi segades siduda. Muudel juhtudel peate võib-olla lisama lusikatäie või kaks jäävett. Vältige soovi lisada nii palju vett või segada nii kaua, et tainas tuleks täielikult kokku. Mõned karvased osad on korras. Kui te pole kindel, kas tainas vajab rohkem vett või mitte, peatage mikser ja võtke peotäis tainast peopessa. Pigistage seda tugevalt, seejärel proovige see õrnalt lahti murda. Kui see mureneb väga kergesti ja tundub väga kuiv, lisage rohkem vett. Kui see hoiab koos või laguneb mõneks tükiks, olete valmis.

e) Letil tõmmake rullist välja pikk kiletükk, kuid ärge lõigake seda. Pöörake kauss kiire ja kartmatu liigutusega ümber kile. Eemaldage kauss ja vältige taigna puudutamist.

f) Lõika rullist plast ja tõsta mõlemast otsast üles, et turgutada kogu tainas palliks. Ärge muretsege kuivade tükkide pärast – jahu imab aja jooksul niiskust ühtlaselt. Lihtsalt keerake plastik tihedalt ümber taigna, suruge pall kettaks ja jahutage vähemalt 2 tundi või üleöö.

g) Taigna külmutamiseks kuni 2 kuuks mässige see topelt kilesse ja seejärel alumiiniumfooliumi, et vältida sügavkülma põlemist. Enne kasutamist laske taignjuurdeüleöö külmkapis sulada.

MAIUSTUSED JA MAGUSTOOTED

87. Granola oliiviõli ja meresool

KOOSTISOSAD:
- 3 tassi (10 1/2 untsi) vanamoodsat valtsitud kaera
- 1 tass (4 1/2 untsi) kooritud kõrvitsaseemneid
- 1 tass (5 untsi) kooritud päevalilleseemneid
- 1 tass (2 1/4 untsi) magustamata kookoslaastud
- 1 1/2 tassi (5 1/4 untsi) poolitatud pekanipähklit
- 2/3 tassi puhast vahtrasiirupit, eelistatavalt tumedat ja tugevat A-klassi
- 1/2 tassi ekstra neitsioliiviõli
- 1/3 tassi (2 3/4 untsi) pakitud pruuni suhkrut
- Sel gris või Maldon meresool
- Valikuline: 1 tass (5 untsi) kuivatatud hapukirsse või veeranditeks lõigatud kuivatatud aprikoose

JUHISED:

a) Kuumuta ahi 300 °F-ni. Vooderda äärega küpsetusplaat küpsetuspaberiga. Kõrvale panema.
b) Asetage kaer, kõrvitsaseemned, päevalilleseemned, kookospähkel, pekanipähklid, vahtrasiirup, oliiviõli, pruun suhkur ja 1 tl soola suurde kaussi ning segage, kuni need on hästi segunenud. Laota granola segu ühtlase kihina ettevalmistatud ahjuplaadile.
c) Lükake ahju ja küpsetage, segades metallspaatliga iga 10–15 minuti järel, kuni granola on röstitud ja väga krõbe, umbes 45–50 minutit.
d) Eemaldage granola ahjust ja maitsestage maitse järgi soolaga.
e) Lase täielikult jahtuda. Soovi korrjuurdesega juurde kuivatatud kirsse või aprikoose.
f) Hoida õhukindlas anumas kuni 1 kuu.
g) Neli asja, mida puuviljadega teha
h) Enamasti on puuviljadega kõige parem leida neist täiesti küps tükk ja nautida seda täiesti käest ära. Peaaegu iga särgi esiküljel jooksevad rohked plekid kinnitavad tõsiasja, et rakendasin seda vaadet kogu suve jooksul marjade, nektariinide, virsikute, ploomide, melonite ja kõige muuga, mis mulle kätte jõuab. Nagu ütleb köögiteadlane Harold McGee, "kõik keedetud toidud soovivad puuviljade seisundit." Kuna ma arvan, et puuviljade parandamiseks ei saa te palju teha, soovitan järgmiseks parimaks asjaks, milleks on teha sellega nii vähe kui võimalik. Lisaks tortidele ja pirukatele on need minu neli tavapärast meetodit küpsete puuviljade hiilguse näitamiseks.
i) Just sellepärast, et need retseptid on nii lihtsad, nõuavad nad, et alustaksite kõige maitsvamatest puuviljadest. Kasutage küpseid puuvilju selle hooaja haripunktis (või Granita puhul külmutatud puuvilju, mis külmutatakse haripunktis). Te ei kahetse lisapingutust.

88. Klassikaline õunakook

KOOSTISOSAD:
- 1 retsept (2 ketast) jahutatud All-Butter Pie Dough
- 2 1/2 naela hapukaid õunu, nagu Honeycrisp, Fuji või Sierra Beauty (umbes 5 suurt õuna)
- 1/2 tl jahvatatud kaneeli
- 1/4 tl jahvatatud piment
- 1/2 tl koššersoola või 1/4 tl peent meresoola
- 1/2 tassi pluss 1 supilusikatäis (4 1/2 untsi) tumepruuni suhkrut, pakitud
- 3 spl universaalset jahu, lisaks veel rullimiseks
- 1 spl õunasiidri äädikat
- 2 spl rasket koort
- Puistamiseks granuleeritud või demerara suhkur

JUHISED:
a) Kuumuta ahi temperatuurini 425 ° F ja seadke rest keskmisesse asendisse.
b) Rulli üks jahutatud taignaketas hästi jahuga kaetud laujuurdelahti, kuni see on umbes 1/8 tolli paksune ja 12 tolli läbimõõt. Keera see ümber kergelt jahuga taignarulli ja tõsta üles. Asetage tainas 9-tollisele pirukavormile ja rullige see lahti, surudes seda õrnalt vormi nurkadesse.
c) Kärbi üleliigne tainas kääridega, jättes umbes 1-tollise üleulatuse, ja pane 10 minutiks sügavkülma. Salvestage ja jahutage ka lõigatud tükke. Rulli teine taignaketas samade mõõtmetega lahti, lõika keskelt välja auruauk ja jahuta külmikus.
d) Vahepejuurdekoorige, eemaldage südamik ja lõigake õunad 3/4-tollisteks viiludeks. Asetage õunad, kaneel, pipar, sool, suhkur, jahu ja äädikas suurde kaussi ning segage. Aseta täidis ettevalmistatud pirukavormi. Kasutage taignarulli, nagu tegite ka esimese taignaringi puhul, et teine taignaring pirukatäidise peale üles võtta ja õrnalt lahti rullida. Kasutage mõlema kooriku üheaegseks lõikamiseks käärid, jättes 1/2-tollise üleulatuse.
e) Tõmmake 1/4 tolli äärisest enda alla, nii et teil on rullitud silinder, mis asub pirukaplaadi serval. Koo ühe käega kooriku serva sees ja teisega väljastpoolt. Kasutage sisemise käe nimetissõrme, et

suruda tainas välimise käe pöidla ja nimetissõrme vahele, moodustades V-kuju. Jätkake kogu koore ümber, hoides Vs-i üksteisest umbes tolli kaugusel.

f) Kortsutamise ajjuurdetõmmake tainas vormi servast välja. See tõmbub küpsetades tagasi. Paigutage kõik augud tainast kaunistustega.

g) Pane kogu pirukas 20 minutiks sügavkülma. Pärast sügavkülmast väljavõtmist aseta pirukas küpsetuspaberiga kaetud ahjuplaadile.

h) Pintselda pealmine koorik ohtralt koorega, seejärel puista üle suhkruga. Küpseta keskmisel restil 425 °F juures 15 minutit, seejärel vähenda kuumust 400 °F-ni ja küpseta veel 15–20 minutit, kuni see on kergelt kuldne.

i) Vähendage kuumust 350 ° F-ni ja küpsetage, kuni see on valmis, veel 45 minutit. Lase pirukjuurdeenne viilutamist 2 tundi restil jahtuda.

89.Klassikaline kõrvitsapirukas

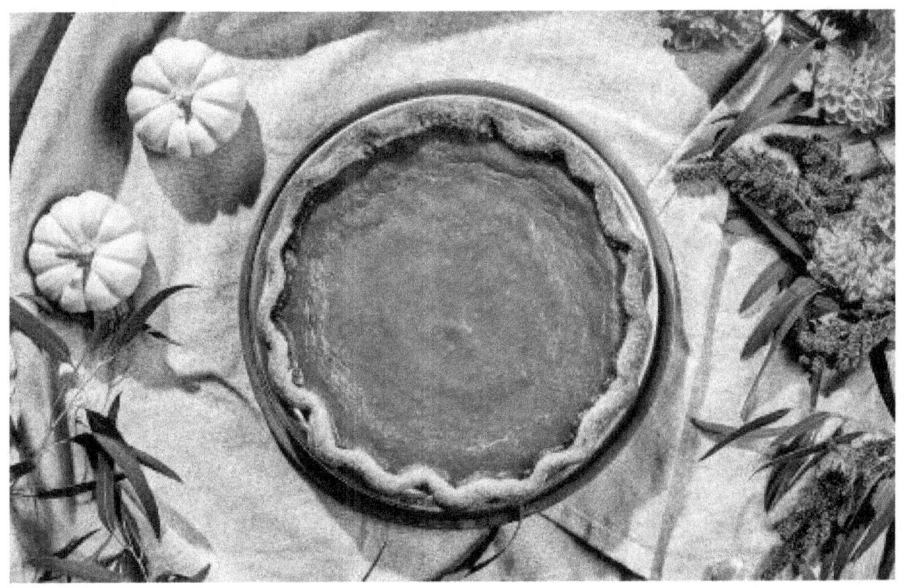

KOOSTISOSAD:

- 1/2 retsepti (1 ketas) jahutatud täisvõist pirukatainast
- Jahu rullimiseks
- 2 suurt muna
- 1 1/2 tassi rasket koort
- 15 untsi (1 suur purk) kõrvitsapüree
- 3/4 tassi (5 1/4 untsi) suhkrut
- 1 tl koššersoola või 1/2 tl peent meresoola
- 1 1/2 tl jahvatatud kaneeli
- 1 tl jahvatatud ingverit
- 1/2 tl jahvatatud nelki

JUHISED:

a) Kuumuta ahi temperatuurini 425 ° F ja seadke rest keskmisesse asendisse.

b) Rulli jahutatud tainas hästi jahuga kaetud laujuurdelahti, kuni see on umbes 1/8 tolli paksune ja 12 tolli läbimõõduga. Keera see ümber kergelt jahuga taignarulli ja tõsta üles. Asetage tainas 9-tollisele pirukavormile ja rullige see lahti, surudes seda õrnalt vormi nurkadesse.

c) Kärbi üleliigne tainas kääridega, jättes umbes 3/4 tollise üleulatuse. Salvestage kaunistused.

d) Suruge tainas enda alla rullides kokku, nii et teil on rullitud silinder, mis asub pirukaplaadi serval. Koo ühe käega kooriku serva sees ja teisega väljastpoolt. Kasutage sisemise käe nimetissõrme, et suruda tainas välimise käe pöidla ja nimetissõrme vahele, moodustades V-kuju.

e) Jätkake kogu koore ümber, hoides Vs-i üksteisest umbes tolli kaugusel. Kortsutamise ajjuurdetõmmake tainas vormi servast välja. See tõmbub küpsetades tagasi. Paigutage kõik augud tainast kaunistustega. Torgake tainas kahvliga läbi, seejärel asetage 15 minutiks sügavkülma.

f) Murra munad keskmisesse kaussi ja purusta need vispliga. Lisa kaussi rõõsk koor, kõrvitsapüree, suhkur, sool ja vürtsid ning vahusta korralikult läbi. Vala vanillikaste segu külmunud koore sisse.

g) Küpsetage temperatuuril 425 °F 15 minutit, seejärel vähendage kuumust 325 °F-ni ja küpsetage, kuni keskosa on vaevu hangunud, umbes 40 minutit rohkem. Lase enne viilutamist tund aega restil jahtuda.

h) Serveeri vahustatud vanilli, kaneeli või karamellikreemiga.

90. Kerged ja helbelised petipiimaküpsised

KOOSTISOSAD:
- 3 1/2 tassi (18 1/2 untsi) universaalset jahu
- 4 tl küpsetuspulbrit
- 1 tl koššersoola või 1/2 tl peent meresoola
- 16 supilusikatäit (8 untsi) soolamata võid, lõigatud 1/2-tollisteks kuubikuteks ja jahutatud
- 1 tass petipiima, jahutatud
- 1 tass koort, jahutatud, pluss 1/4 tassi veel küpsiste pintseldamiseks

JUHISED:
a) Kuumuta ahi 450 ° F-ni. Vooderda kaks ahjuplaati küpsetuspaberiga.
b) Pane kuubikuteks lõigatud või ja pett 15 minutiks sügavkülma.
c) Asetage jahu, küpsetuspulber ja sool labajahutusega segisti kaussi ja segage madaljuurdekiirusel kuni segunemiseni, umbes 30 sekundit.
d) Lisage pool võist, paar tükki korraga, ja jätkake segamist madaljuurdekiirusel, kuni segu tundub liivane ja selgeid võitükke pole näha, umbes 8 minutit.
e) Lisa ülejäänud või ja jätka segamist, kuni võitükid on suurte hernete suurused, umbes 4 minutit.
f) Valage segu suurde laia kaussi ja kasutage väga lühidalt sõrmi, et suurimad võitükid lapikuks teha: pange kätele jahu ja tõmmake pöidlaga sõrmeotsast nimetissõrme otsani nagu teie. teeme "Cha-ching! Sularaha!" liikumine.
g) Tehke segu keskele süvend. Valage süvendisse petipiim ja 1 tass koort. Segage kummilabidaga laiade ringjate liigutustega, kuni tainas on ligikaudu kokku tulnud. Tainas võib endiselt olla tormiline, mis on hea.
h) Jahutage letil kergelt jahu ja keerake tainas kausist välja. Patsutage tainas õrnalt 3/4 tolli paksuseks ristkülikuks, mille suurus on umbes 9 tolli × 13 tolli. Voldi tainas pooleks, siis uuesti kokku, siis voldi see kolmandat korda kokku, seejärel rulli tainas tainas tainas õrnalt tagasi 3/4 tolli paksuseks ristkülikuks, mille suurus on umbes

9 x 13 tolli. Kui taigna pealmine osa ei ole veel sile, korrake seda rullimist ja voltimist õrnalt veel üks või kaks korda, kuni see on sile.

i) Jahutage letil kergelt jahu ja rullige tainas umbes 1 1/4 tolli kõrguseks. Lõika 2 1/2-tollise küpsiselõikuriga otse alla, pühkides lõikurit iga lõike vahel ja jahuga üle. See tagab, et küpsised tõusevad otse üles, mitte ei kaldu ümber. Rullige jäägid korra ümber ja lõigake ülejäänud tainas küpsisteks.

j) Asetage küpsised üksteisest umbes 1/2 tolli vahedega ettevalmistatud küpsetuspaberitele ja pintseldage pealseid ohtralt kreemiga. Küpsetage 450 ° F juures 8 minutit, seejärel pöörake panne ja muutke ahju asendit. Jätkake küpsetamist veel 8–10 minutit, kuni küpsised on kuldpruunid ja tunduvad ülesvõtmisel kerged.

k) Tõsta küpsised restile ja jahuta 5 minutit. Serveeri soojalt.

l) Küpsiste külmutamiseks kuni 6 nädalaks külmutage lõigatud küpsised ühe kihina küpsetusplaadil, kuni need on tahked, seejärel asetage kilekotti ja külmutage. Küpsetamiseks ärge sulatage. Pintselda külmutatud küpsised kreemiga ja küpseta 10 minutit temperatuuril 450 °F ja 10–12 minutit temperatuuril 375 °F.

91.Õuna- ja frangipani tart

KOOSTISOSAD:
FRANGIPAANI JAOKS
- 3/4 tassi (4 untsi) mandleid, röstitud
- 3 supilusikatäit suhkrut
- 2 supilusikatäit (1 unts) mandlipastat
- 4 supilusikatäit (2 untsi) soolamata võid toatemperatuuril
- 1 suur muna
- 1 tl koššersoola või 1/2 tl peent meresoola
- 1/2 tl vaniljeekstrakti
- 1/2 tl mandli ekstrakti

TARTI EEST
- 1 retsept Hapukas tainas, jahutatud
- Jahu rullimiseks
- 6 hapukat, krõmpsuvat õuna, nagu Honeycrisp, Sierra Beauty või Pink Lady
- Raske koor
- Suhkur puistamiseks

JUHISED:

a) Frangipaani valmistamiseks pane mandlid ja suhkur köögikombaini ning jahvata väga peeneks. Lisa mandlipasta, või, muna, sool, vanill ja mandliekstrakt ning sega, kuni saad ühtlase pasta.

b) Pöörake äärega küpsetusplaat tagurpidi ja asetage sellele tükk küpsetuspaberit (sellega on torti lihtsam vormida ja voltida, ilma et vormi serv segaks). Kõrvale panema.

c) Enne taigna lahtipakkimist rulli ketas selle servast letil, et moodustada sellest ühtlane ring. Pakkige tainas lahti ja puistake lett, taignarull ja tainas jahuga, et vältida kleepumist. Rullige tainas kiiresti 14-tolliseks ringiks, mille paksus on umbes 1/8 tolli.

d) Taigna lihtsamaks ringiks rullimiseks keera tainast iga rulliga veerand pööret. Kui tainas hakkab kleepuma, tõsta see ettevaatlikult letilt ja kasuta vajadusel rohkem jahu.

e) Rulli tainas taignarullile ja tõsta ettevaatlikult letilt. Rullige see ettevaatlikult tagurpidi küpsetuspaberiga kaetud ahjuplaadile lahti. Tõsta 20 minutiks külmkappi.

f) Vahepejuurdetegele puuviljadega. Koorige, eemaldage südamik ja lõigake õunad 1/4-tollisteks viiludeks. Maitske viilu. Kui õunad on tõesti hapud, asetage need suurde kaussi, puistake neile 1–2 supilusikatäit suhkrut ja viskage katteks.

g) Kasutage kummist või nihkespaatlit, et laotada 1/8 tolli paksune frangipaani kiht kogu jahutatud taigna pinnale, jättes välimine 2 tolli katmata.

h) Laota õunad kihiti frangipanile, jälgides, et sejuurdeoleks palju kattumist. Küpsemisel tõmbub puuvili kokku ja te ei taha, et koogil oleks paljaid osi. Kalasabakujunduse tegemiseks asetage kaks rida õunaviilusid 45-kraadise nurga all (veenduge, et need oleksid kõik ühtemoodi suunatud), seejärel pöörake järgmise kahe rea nurk 135 kraadini. Jätka mustriga, kuni tainas on puuviljadega kaetud. Kasutage kaht erinevat värvi puuvilju, et saada visuaalselt eriti silmatorkav hapukas; siin kasutasime erinevaid õunu nimega Ruby Red, vaheldumisi Sierra Beauty õuntega. Roosad pärliõunad oma suhkruvati viljalihaga on samuti vapustavad. Rohelised ja lillad ploomid, pošeeritud küdoonia või punases või valges veinis pošeeritud pirnid võivad samuti pakkuda teile kauneid värve. (Kui kasutate rohkem kui ühte värvi, muutub muster triipude saamiseks 45 kraadi värviks A, 45 kraadiseks värviks B, 135 kraadiseks värviks B, 135 kraadiseks värviks A.)

i) Volditud kooriku loomiseks voldi välimine tainas 1 1/2-tolliste vahedega üles ja enda peale, samjuurdeajjuurdetorti pöörates. Iga volti korrjuurdesuruge tainas tihedalt kokku ja suruge see vastu vilja välimist ringi. Maalähedasema välimuse saamiseks keerake tainas lihtsalt korrapäraste ajavahemike järel puuvilja peale. Jättes selle küpsetuspaberile, asetage tort tagasi küpsetusplaadile, nüüd ülemisele küljele, ja asetage 20 minutiks külmkappi.

j) Kuumuta ahi temperatuurini 425 °F ja seadke rest ahju keskmisesse asendisse. Vahetult enne küpsetamist pintselda koort ohtralt koorega ja puista üle ohtralt suhkruga. Puista ka puuviljadele veidi suhkrut. (Pintseldage soolaseid kooke kergelt lahtiklopitud munaga ja jätke suhkur välja. Väga mahlaste puuviljadega, näiteks rabarberi või aprikoosiga töötades küpseta kooki 15 minutit enne puuviljade suhkruga piserdamist, mis soodustab osmoosi teket ja paneb nutma. Andke koorele edumaa, et see saaks viljadele vastu seista.)

k) Küpseta ahju keskmisel siinil 425°F juures 20 minutit. Seejärel vähendage kuumust 400 ° F-ni veel 15–20 minutiks. Seejärel vähendage kuumust 350–375 °F-ni (olenevalt sellest, kui tume koorik on) ja küpseta, kuni see on valmis, umbes 20 minutit. Pöörake torti küpsemise ajal, et tagada ühtlane pruunistumine. Kui koorik pruunistub liiga kiiresti, asetage koogi peale lõdvalt küpsetuspaber ja jätkake küpsetamist.

l) Tort valmib siis, kui viljad on pehmed, koorik on sügav, kuldpruun ja võid tordi alla torgata koorimisnoa ja tõsta selle kergelt pannilt maha. Alumine külg peaks samuti olema kuldse tooniga.

m) Võta ahjust välja ja lase restil 45 minutit jahtuda enne viilutamist. Serveeri soojalt või jahutatult koos jäätise, lõhnakoore või crème fraîche'ga.

n) Katke ja hoidke kasutamata frangipaan kuni 1 nädjuurdekülmkapis. Hoidke söömata jäänud torti kuni 1 päev toatemperatuuril pakendatud.

92. Juice sellest mahla ja valmista graniitat

KOOSTISOSAD:
ORANŽ GRANITA
- 2 tassi apelsinimahla
- 1/4 tassi (1 3/4 untsi) suhkrut
- 6 spl sidrunimahla
- Näputäis soola

KOHV GRANITA
- 2 tassi tugevalt keedetud kohvi
- 1/2 tassi (3 1/2 untsi) suhkrut
- Näputäis soola

JUHISED:
a) Valage ülaltoodud segu – või mõni enda väljamõeldud – mittereaktiivsesse (st roostevabast terasest, klaasist või keraamilisest) nõusse või kaussi.

b) Segu peaks tassis olema vähemalt tolli sügavusel. Aseta sügavkülma. Umbes tunni pärast alustage aeg-ajalt kahvliga segamist, kui aeg lubab. Segamisel veenduge, et külmunud servad ja pealmine kiht oleks väga hästi segatud lämbema keskosaga. Mida usinamalt segad, seda peenem ja tekstuurilt ühtlasem (vähem jäisem) valmiv Granita on.

c) Külmutage Granita kuni külmumiseni, umbes 8 tundi. Segage külmutamisprotsessi jooksul vähemalt kolm korda, seejärel kraabige Granitat vahetult enne serveerimist põhjalikult, kuni see on habemeajamisteks.

d) Serveeri soovi korrjuurdejäätise või lõhnakoorega. Hoida kaetult sügavkülmas kuni nädal.

93.Šokolaadi kesköötort

KOOSTISOSAD:
- 1/2 tassi (2 untsi) Hollandi protsessi kakaopulbrit, eelistatavalt Valrhona
- 1 1/2 tassi (10 1/2 untsi) suhkrut
- 2 tl koššersoola või 1 tl peent meresoola
- 1 3/4 tassi (9 1/4 untsi) universaalset jahu
- 1 tl söögisoodat
- 2 tl vaniljeekstrakti
- 1/2 tassi neutraalse maitsega õli
- 1 1/2 tassi keeva vett või värskelt keedetud kanget kohvi
- 2 suurt toasooja muna, kergelt vahustades
- 2 tassi vaniljekreemi

JUHISED:

a) Kuumuta ahi temperatuurini 350 °F. Asetage rest ahju ülemisse kolmandikku.
b) Määri kaks 8-tollist koogivormi rasvainega, seejärel vooderda küpsetuspaberiga. Määri ja puista ohtralt jahuga, koputa üleliigne välja ja tõsta kõrvale.
c) Vahusta keskmises kausis kakao, suhkur, sool, jahu ja söögisooda ning sõelu seejärel suurde kaussi.
d) Keskmises kausis segage vanill ja õli kokku. Laske vesi keema või keetke kohv. Lisa see õli-vanilli segule.
e) Tehke kuivainete keskele süvend ja vahustage järk-järgult vee-õli segusse, kuni see on segunenud. Vispelda vähehaavjuurdejuurde munad ja sega ühtlaseks massiks. Tainas jääb õhuke.
f) Jaga taigen ühtlaselt ettevalmistatud vormide vahel. Kukutage pann paar korda 3 tolli kõrguselt tööpinnale, et vabastada tekkinud õhumullid.
g) Küpsetage ahju ülemises kolmandikus 25–30 minutit, kuni koogid puudutavad ja tõmbuvad lihtsalt vormi servadest eemale. Sisestatud hambaork peaks välja tulema puhtana.
h) Jahuta koogid täielikult restil enne vormist lahti võtmist ja küpsetuspaberi eemaldamist. Serveerimiseks aseta üks kiht allapoole koogiplaadile. Määri 1 tass vaniljekreemi koogi keskele ja aseta teine kiht õrnalt selle peale. Määri ülejäänud kreem pealmise kihi keskele ja jahuta enne serveerimist kuni 2 tundi.
i) Teise võimalusena lisage toorjuustu glasuur, serveerige jäätisega või puista koogid lihtsalt kakaopulbri või tuhksuhkruga. Taignast saab ka fantastilisi koogikesi!
j) Tihedalt pakendatuna säilib see kook toatemperatuuril 4 päeva või sügavkülmas 2 kuud.

94. Värske ingveri ja melassi kook

KOOSTISOSAD:
- 1 tass (4 untsi) kooritud, õhukeselt viilutatud värsket ingverit (umbes 5 untsi koorimata)
- 1 tass (7 untsi) suhkrut
- 1 tass neutraalse maitsega õli
- 1 tass melassi
- 2 1/3 tassi (12 untsi) universaalset jahu
- 1 tl jahvatatud kaneeli
- 1 tl jahvatatud ingverit
- 1/2 tl jahvatatud nelki
- 1/4 tl värskelt jahvatatud musta pipart
- 2 tl koššersoola või 1 tl peent meresoola
- 2 tl söögisoodat
- 1 tassi keeva veega
- 2 suurt muna toatemperatuuril
- 2 tassi vaniljekreemi

JUHISED:

a) Kuumuta ahi 350 ° F-ni. Asetage rest ahju ülemisse kolmandikku. Määri kaks 9-tollist koogivormi rasvainega, seejärel vooderda küpsetuspaberiga. Määri ja puista ohtralt jahuga, koputa üleliigne välja ja tõsta kõrvale.

b) Püreesta värske ingver ja suhkur köögikombainis või blenderis täiesti ühtlaseks, umbes 4 minutit. Valage segu keskmisesse kaussi ning lisage õli ja melass. Vispelda omavahel ja tõsta kõrvale.

c) Sega keskmises kausis jahu, kaneel, ingver, nelk, pipar, sool ja söögisooda ning sõelu seejärel suurde kaussi. Kõrvale panema.

d) Klopi keev vesi suhkru-õli segusse ühtlaseks seguks.

e) Tehke kuivainete keskele süvend ja vahustage järk-järgult vee-õli segusse, kuni see on segunenud. Vispelda vähehaavjuurdejuurde munad ja sega ühtlaseks massiks. Tainas jääb õhuke.

f) Jaga taigen ühtlaselt ettevalmistatud vormide vahel. Kukutage pann paar korda 3 tolli kõrguselt tööpinnale, et vabastada tekkinud õhumullid.

g) Küpseta ahju ülemises kolmandikus 38–40 minutit, kuni koogid puudutamisel tagasi tõmbuvad ja lihtsalt vormi servadest eemale tõmbuvad. Sisestatud hambaork peaks välja tulema puhtana.

h) Jahuta koogid täielikult restil enne vormist lahti võtmist ja küpsetuspaberi eemaldamist.

i) Serveerimiseks aseta üks kiht allapoole koogiplaadile. Määri 1 tass vaniljekreemi koogi keskele ja aseta teine kiht õrnalt selle peale. Määri ülejäänud kreem pealmise kihi keskele ja jahuta enne serveerimist kuni 2 tundi.

j) Teise võimalusena lisage toorjuustu glasuur, serveerige jäätisega või puista koogid lihtsalt tuhksuhkruga. Taignast saab ka fantastilisi koogikesi!

k) Tihedalt pakendatuna säilib see kook toatemperatuuril 4 päeva või sügavkülmas 2 kuud.

95. Mandli ja kardemoni teekook

KOOSTISOSAD:
MANDLI KATTEKS
- 4 supilusikatäit võid (2 untsi)
- 3 supilusikatäit suhkrut
- 1 napp tass viilutatud mandleid (3 untsi)
- Näputäis helbelist soola, näiteks Maldon

TOOGI JÄRGI
- 1 tass (5 1/4 untsi) koogijahu
- 1 tl küpsetuspulbrit
- 1 tl koššersoola või 1/2 tl peent meresoola
- 1 tl vaniljeekstrakti
- 2 1/2 tl jahvatatud kardemoni
- 4 suurt toatemperatuuril muna
- 1 tass mandlipastat (9 1/2 untsi) toatemperatuuril
- 1 tass (7 untsi) suhkrut
- 16 supilusikatäit võid (8 untsi) toatemperatuuril, kuubikutena

JUHISED:
a) Kuumuta ahi temperatuurini 350 °F. Asetage rest ahju ülemisse kolmandikku. Või ja jahuga 9x2-tolline ümmargune koogivorm, seejärel vooderdage küpsetuspaberiga.
b) Valmista mandlikate. Keeda keskmisel-kõrgel kuumusel seatud väikeses kastrulis võid ja suhkrut umbes 3 minutit, kuni suhkur on täielikult lahustunud ning või hakkab mullitama ja vahutama. Tõsta tulelt ja sega hulka viilutatud mandlid ja helbesool. Vala see segu koogivormi ja kasuta kummilabidat, et see ühtlaselt vormi põhja jaotada.
c) Koogi jaoks sõelu jahu, küpsetuspulber ja sool küpsetuspaberile, et need seguneksid ühtlaselt ja eemaldaksid tükid. Kõrvale panema.
d) Vahusta väikeses kausis põhjalikult vanill, kardemon ja munad. Kõrvale panema.
e) Pange mandlipasta köögikombaini kaussi ja pulseerige paar korda, et see laguneks. Lisa 1 tass suhkrut ja töötle 90 sekundit või kuni segu on peen nagu liiv. Kui teil pole köögikombaini, tehke seda statsionaarses mikseris – selleks kulub veidi rohkem aega, umbes 5 minutit.

f) Lisa või ja jätka töötlemist, kuni segu on väga kerge ja kohev, vähemalt 2 minutit. Peatage ja kraapige kausi küljed alla, et kõik seguneks ühtlaselt.

g) Kui masin on sisse lülitatud, hakake aeglaselt, lusikatäie haavjuurdemunasegu lisama, justkui valmistaks majoneesi (see on tõepoolest emulsioon!). Enne munade lisamist laske igjuurdemunalisandil imenduda ja segu omandab sileda ja siidise välimuse. Kui kõik munad on lisatud, peatage ja kraapige kausi küljed kummilabidaga, seejärel jätkake segamist, kuni see on hästi segunenud. Kraabi taigen suurde kaussi.

h) Korja üles küpsetuspaber ja puista sellega kolmes osas jahu taigna peale. Lisage jahu ettevaatlikult lisamise vahele, kuni see on lihtsalt segunenud. Vältige üle segamist, kuna see muudab kooki sitkeks.

i) Valage tainas ettevalmistatud pannile ja küpsetage ettevalmistatud restil 55–60 minutit või kuni torgatud hambaork väljub puhtana. Kook tõmbub lihtsalt panni külgedelt ära, kui see on valmis. Lase koogil restil jahtuda. Lükake noaga mööda panni külgi, seejärel soojendage panni põhja mõneks sekundiks otse pliidi kohal, et soodustada kooki vormist lahti võtmist. Eemalda paber ja tõsta koogiplaadile kuni serveerimiseni.

j) Serveeri seda kooki eraldi või koos marja- või luuviljakompoti ja vanilje- või kardemonikreemiga.

k) Tihedalt pakendatuna säilib see kook toatemperatuuril 4 päeva või sügavkülmas 2 kuud.

96.Magusa magus šokolaadipuding

KOOSTISOSAD:
- 4 untsi kibemagusat šokolaadi, jämedalt hakitud
- 3 suurt muna
- 3 tassi pool ja pool
- 3 supilusikatäit (3/4 untsi) maisitärklist
- 1/2 tassi + 2 supilusikatäit (5 untsi) suhkrut
- 3 supilusikatäit (veidi üle 1/2 untsi) kakaopulbrit
- 1 1/4 teelusikatäit koššersoola või kuhjaga 1/2 tl peent meresoola

JUHISED:
a) Aseta šokolaad suurde kuumakindlasse kaussi ja aseta sellele peene sõela. Kõrvale panema.
b) Murra munad keskmisesse kaussi ja vahusta kergelt läbi. Kõrvale panema.
c) Valage pool ja pool keskmisesse kastrulisse ja laske madaljuurdekuumusel. Eemaldage tulelt just siis, kui see hakkab auru eritama ja keema. Ärge laske sellel keeda – piimatoodete keemisel selle emulsioon puruneb ja valgud koaguleeruvad. Keedetud piimatoodetest valmistatud vanillikaste ei jää kunagi täiesti siledaks.
d) Vahusta segamisnõus maisitärklis, suhkur, kakaopulber ja sool. Klopi pooleks soojaks. Vala segu tagasi potti ja tõsta keskmisele-madalale tulele.
e) Küpseta kummilabidaga pidevalt segades umbes 6 minutit, kuni segu silmnähtavalt pakseneb. Tõsta tulelt. Testimaks, kas segu on piisavalt paks, tehke sõrmega lusika tagaküljele joon läbi pudingi. See peaks hoidma joont.
f) Lisage pidevalt vahustades munadele aeglaselt umbes 2 tassi kuuma pudingu segu, seejärel pange see kõik tagasi potti ja laske madaljuurdekuumusel. Jätkake pidevalt segamist, küpsetades veel umbes minut, kuni segu pakseneb uuesti nähtavalt või registreerib termomeetril 208 °F. Tõsta tulelt ja vala läbi sõela. Kasutage väikest vahukulbi või kummilabidat, et juhtida puding läbi sõela.
g) Lase jääksoojusel šokolaadil sulada. Kasutage blenderit (või pulgablenderit, kui teil on), et segada põhjalikult, kuni segu on satiinne ja sile. Maitse ja kohanda soola vastavalt vajadusele.
h) Valage kohe 6 eraldi tassi. Õhumullide tekitamiseks koputage õrnalt iga tassi põhja vastu letti. Lase pudingil jahtuda. Serveeri toatemperatuuril, kaunistatud lõhnakreemiga.
i) Külmkapis, kaanega, kuni 4 päeva.

97.Petipiim Panna Cotta

KOOSTISOSAD:
- Neutraalse maitsega õli
- 1 1/4 tassi rasket koort
- 7 supilusikatäit (3 untsi) suhkrut
- 1/2 tl koššersoola või 1/4 tl peent meresoola
- 1 1/2 teelusikatäit maitsestamata pulbristatud želatiini
- 1/2 vaniljekaun, pikuti poolitatud
- 1 3/4 tassi petipiima

JUHISED:
a) Kasutage kondiitripintslit või sõrmi, määrige kuue 6-untsise ramekiini, väikese kausi või tassi sisemus kergelt õliga.
b) Asetage koor, suhkur ja sool väikesesse kastrulisse. Kaabi pannile vaniljekauna seemned ja lisa ka uba.
c) Valage väikesesse kaussi 1 supilusikatäis külma vett, seejärel piserdage õrnalt želatiin. Laske lahustumiseks 5 minutit seista.
d) Kuumuta koort tasasel keskmisel tulel segades, kuni suhkur lahustub ja koorest hakkab auru tõusma, umbes 4 minutit (ära lase koorel podiseda – see deaktiveerib želatiini, kui see liiga kuumaks läheb). Alandage kuumust väga madalaks, lisage želatiin ja segage, kuni kogu želatiin lahustub, umbes 1 minut. Tõsta tulelt ja lisa petipiim. Kurna läbi peene sõela tilaga mõõtetopsi.
e) Valage segu ettevalmistatud ramekiinidesse, katke kilega ja hoidke külmkapis, kuni see on hangunud, vähemalt 4 tundi või üleöö.
f) Vormi lahtivõtmiseks kasta ramekiinid kuuma vette ja seejärel kummuta vanillikaste taldrikutele. Kaunista tsitruseliste, marjade või luuviljade kompotiga.
g) Saab valmistada kuni 2 päeva ette.

98. Vahukommi besee

KOOSTISOSAD:
- 4 1/2 teelusikatäit (1/2 untsi) maisitärklist
- 1 1/2 tassi (10 1/2 untsi) suhkrut
- 3/4 tassi (6 untsi / umbes 6 suurt) munavalget toatemperatuuril
- 1/2 tl koort hambakivi
- Näputäis soola
- 1 1/2 teelusikatäit vaniljeekstrakti

JUHISED:

a) Kuumuta ahi temperatuurini 250 °F. Vooderda kaks ahjuplaati küpsetuspaberiga.
b) Vahusta väikeses kausis maisitärklis ja suhkur.
c) Vahusta vispliotsaga (kui sul pole statiivimikserit, võid kasutada vispliotsakuga elektrilist saumikserit) kausis munavalged, tartarikoor ja sool. Alustades madalalt, suurendage aeglaselt keskmise kiiruseni, kuni jäljed hakkavad nähtavale tulema ning munavalgemullid on väga väikesed ja ühtlased, umbes 2–3 minutit. Võtke siin aega.
d) Suurenda kiirust keskmiselt kõrgele, piserdades aeglaselt ja järk-järgult suhkru-maisitärklise segusse. Mõni minut pärast suhkru lisamist valage aeglaselt vanill. Suurenda veidi kiirust ja vahusta, kuni besee on läikiv ning vispli tõstmisel tekivad jäigad tipud 3–4 minuti jooksul.
e) Tõsta küpsetuspaberile golfipallisuurused lusikatäied besee, kraapi see lusika küljest ära teise lusikaga. Nipsake randmega, et meelitada iga besee peale ebakorrapäraseid piike.
f) Lükake küpsetusplaadid ahju ja vähendage temperatuuri 225 ° F-ni.
g) 25 minuti pärast pöörake panne 180 kraadi ja muutke nende asendit restidel. Kui paistavad, et besee võtab värvi või praguneb, vähendage temperatuuri 200 °F-ni.
h) Jätkake küpsetamist veel 20–25 minutit, kuni beseed tõusevad kergesti paberilt maha, väljast on krõbe ja kuivad ning keskosa on endiselt vahukommiline. Kontrollimiseks lihtsalt maitske ühte!
i) Tõsta besee õrnalt ahjuplaadilt ja jahuta restil.
j) Kui teie maja pole niiske, säilivad need tihedalt suletud anumas toatemperatuuril või eraldi pakendatuna kuni nädal.

99.Lõhnav kreem

KOOSTISOSAD:
- 1 tass koort, jahutatud
- 1 1/2 teelusikatäit granuleeritud suhkrut
- Kõik maitsevalikud

JUHISED:
a) Jahutage suur sügav metallkauss (või seisva mikseri kauss) ja vispli (või vispli lisa) sügavkülmikus vähemalt 20 minutit enne alustamist. Kui kauss on jahtunud, valmistage valitud maitseainega kreem vastavalt allpool toodud juhistele, seejärel lisage suhkur.
b) Vahusta, kuni tekivad esimesed pehmed tipud. Masina kasutamisel lülitage käsivispli peale ja jätkake vahustamist, kuni kogu vedel kreem on segunenud ja koore tekstuur on ühtlaselt pehme ja laine.
c) Maitse ja reguleeri magusust ja maitset vastavalt soovile. Hoia serveerimiseni jahedas.
d) Katke ja hoidke ülejäägid kuni 2 päeva külmkapis. Kasutage visplit, et viia tühjendatud koor vastavalt vajadusele pehmeks.

100. Soolakaramelli kaste

KOOSTISOSAD:
- 6 supilusikatäit (3 untsi) soolamata võid
- 3/4 tassi suhkrut (5 1/4 untsi)
- 1/2 tassi rasket koort
- 1/2 tl vaniljeekstrakti
- soola

JUHISED:
a) Sulata või sügavas tugevas kastrulis keskmisel kuumusel. Sega juurde suhkur ja tõsta kuumus kõrgeks. Ärge muretsege, kui segu eraldub ja tundub purunenud. Hoidke usku – see tuleb tagasi. Segage, kuni segu uuesti keeb, seejärel lõpetage segamine. Kui karamell hakkab värvi võtma, keerake pannil ettevaatlikult ühtlase pruunistumise soodustamiseks.

b) Küpseta, kuni suhkur on sügav kuldpruun ja hakkab vaevu suitsema, umbes 10–12 minutit.

c) Tõsta tulelt ja vahusta koheselt hulka koor. Olge ettevaatlik, sest väga kuum segu hakkab raevukalt mullitama ja võib pritsida. Kui karamelli tükke jääb alles, vahustage kastet tasasel tulel õrnalt, kuni need lahustuvad.

d) Jahuta karamell leigeks, maitsesta siis vanilje ja suure näpuotsatäie soolaga. Segage, maitsestage ja vajadusel kohandage soola. Karamell pakseneb jahtudes.

e) Katke ja hoidke ülejäägid kuni 2 nädalat külmkapis. Kuumutage uuesti õrnalt mikrolaineahjus või kastrulis väga madaljuurdekuumusel segades.

KOKKUVÕTE

"Soola, rasva, happe ja kuumuse kokaraamatu" uurimist lõpetades loodame, et olete omandanud sügavama mõistmise ja tunnustuse nende nelja toiduvalmistamise olulise elemendi muutmisjõu kohta. Sool, rasv, hape ja kuumus ei ole ainult koostisosad; need on vundament, millele ehitatakse suurepärased toidud. Kui jätkate oma kulinaarset teekonda, võivad sellest kokaraamatust omandatud teadmised ja oskused teid luua roogasid, mis pole lihtsalt maitsvad, vaid tõeliselt meeldejäävad.

Kuna selle kokaraamatu viimased leheküljed on pööratud ja teie uusima kulinaarse loomingu aroom täidab õhku, teadke, et teekond ei lõpe siin. Võtke oma igapäevases toiduvalmistamises omaks soola, rasva, happe ja kuumuse põhimõtted, katsetage uusi tehnikaid ja maitsekombinatsioone ning laske oma loovusel särada, kui uurite nende nelja elemendi lõputuid võimalusi.

Täname, et liitusite meiega sellel maitsvjuurdeteekonnjuurdeläbi soola, rasva, happe ja kuumuse maailma. Olgu teie köök täidetud kõrbemispannide säringa, värskelt jahvatatud vürtside lõhnaga ja rahuloluga meeli rõõmustavate ja hinge toitvate roogade loomisel. Kohtumiseni, head kokkamist ja head isu!

www.ingramcontent.com/pod-product-compliance
Lightning Source LLC
Chambersburg PA
CBHW070652120526
44590CB00013BA/932